知らないと損する年金の真実
【2022年「新年金制度」対応】

大江英樹

ワニブックス
|PLUS|新書

はじめに

みなさんは『ファクトフルネス』という本を読まれたことがあるでしょうか？

スウェーデンの医師で大学教授であるハンス・ロスリング氏が２０１８年に書いた本ですが、我が国でも２０１９年１月に発売後、１００万部を超える大ベストセラーとなりました。私も発売後すぐに購入して読みましたが、実に面白い本でした。多くの人が陥りがちな10の思い込みの具体例を挙げ、どうしてそんな思い込みや勘違いに陥ってしまうのかをデータや事実に基づいて解説した本です。

私はこの本を読んですぐに思い至ったのが日本の公的年金のことでした。日頃から公的年金に関して人々が陥ってしまっている勘違いがまさにこの本で指摘されているようなことだったからです。

面白かったのは冒頭に出てきた13の三択質問に対する人々の回答です。どこでやってもこれらの質問の正答率はいずれも3割以下となったそうです。仮にチンパンジーに当てずっぽうに3つの答えを選ばせると統計上の正答率は約33％になるはずです。特に専門家、学歴が高い人、社会的な地位がある人ほど正答率が低く、わずかに28％しかありません。つまり、チンパンジー以下という結果だったのです。

実は年金に関しても大学の先生や経済評論家、新聞の論説委員といった言わば知的水準の高い人の中にも全く間違った理解をしている人がいるのです。彼らの言うことはその社会的地位の高さから多くの人に影響を与えてきましたが、丹念に事実を検証していくと、かなり間違った内容の多いことがわかります。

『ファクトフルネス』が指摘するように、これらは本質的な人間の脳にまつわる問題、行動経済学で言う「ヒューリスティックとバイアス」にかかわる問題なのかもしれません。

特に公的年金に関しては印象が悪くなるような出来事が多かったことは事実です。ざっと思いついただけでも、2001年「グリーンピア譲渡問題」、2004年「政治家の年金保険料未納問題」、2007年「年金加入記録問題」、そして2015年「年金情報漏洩事件」等々、年金にまつわる不祥事は今までにたくさんありました。

ただし、これらの問題はいずれも運営の問題や不正な業務処理、そして職業倫理といったことであり、言わば「ガバナンス」に関する問題なのです。これらの不祥事と年金制度や財政の問題とは直接的な関係はありません。それでも、多くの人々にとっては、「こんないい加減なことや不正が行われているのだから年金制度も信用できない」という印象を持ったとしても不思議ではありません。もちろん、どんな組織でも不祥事は起こりますが、「年金」という我々の将来に関する重大なテーマであるがゆえに大きく取り上げられ、それが不信を招くという悪循環になってしまったのでしょう。

しかし、公的年金制度自体は万全とまでは言えないものの健全であり、これまでも制度の改革や修正を繰り返しながらより良くなってきていることは事実です。ファクトを丹念に調べていけばそのことはよく理解できます。本書はそうした公的年金にまつわる事実やエビデンスを重ねて解説していくことによって、

①公的年金に対する正しい知識を持っていただく

②年金不安を煽る人たちに惑わされず、自分の頭で考えられるようにする

ということを目的にしています。言わば「年金版ファクトフルネス」と思っていただければ良いと思います。

本書においては、「ねんきん定期便」の見方とか、受給の手続き方法といったことに関しては触れません。そういうことを詳しく書いた本はたくさん出ていますし、わからなければ、年金事務所や日本年金機構のコールセンターに電話すればていねいに教えてくれます。

むしろ、誰も教えてくれない年金の本質や勘違いしていることについて、わかりやすく説明をしています。

最初にことわりしておきますが、私は公的年金については専門家というわけではありません。企業年金については、それにかかわるビジネスを経験しましたので多少の専門的知識は持っていますが、公的年金は正直に言うと素人に近いのです。それでも、素人であるが故に素朴に考えておかしいと思うことが年金に関するニュースや議論にはたくさんあるということを感じていました。だからこそ、ごく素人目線で年金の誤解をわかりやすく説明できるのではないかということで本書を書いたのです。

公的年金制度はとても大切なものです。人生の終盤における生活基盤を確保するためには欠かすことのできないものです。それだけに間違った知識や思い込みではなく、正しい知識を持ち、それを活用することはとても大切なことです。本書がみなさんにとって、お役に立つことができればと願っております。

目次

第2章　年金に対する誤解を解く――初級編――……53

第3章　年金に対する誤解を解く——中・上級編……99

第4章 知っておくべき年金の歴史

第6章　公的年金をうまく活用する……199

第1章　年金の本質

1　なぜ年金が不安なのか？

年金に不安を感じる3つの理由

まずは、「年金不安の正体」から話を始めたいと思います。私の知る限り、年金不安というのは昨日や今日に始まったことではなく、かなり以前からありました。私は現在69歳ですが、今から30年ぐらい前でも「将来、年金はもらえなくなるのではないか？」という不安が囁《ささや》かれていましたし、私自身も当時30代の後半で、年金に対する不安を持っていました。

ところが、自分が実際に年金を受給する年齢になってみると、年金は破綻もしていないし、年金積立金も昔よりも増えています。にもかかわらず、今も相変わらず「年金不安」が世の中に溢れています。この理由は一体どこにあるのでしょう？

私は年金不安の理由は大きく3つあると思っています。その3つとは、

①経験していないことだから
②年金不安を煽る人たちがいるから
③年金について間違って理解しているから

未経験者は不安だし、経験者は黙っている

まず、60歳未満の人のほとんどは実際に年金を受給した経験がありません。現在では公的年金の支給開始は65歳で、繰り上げれば60歳から受給することもできますし、年齢によっては60代前半で特別支給の老齢厚生年金を受給している人もいますが、60歳未満の人は老齢年金を受給していません。60歳未満の人の中に「自分はかつて一度70歳だったことがある」という人は1人もいません（笑）。つまり、老齢年金の受給に関して60歳未満の人は、誰もがこれから経験することなのです。

誰しも自分が経験していないことは不安です。「自分がその年齢になったら本当に年金がもらえるのだろうか？」と不安になるのは当然と言っても良いでしょう。したがっ

て、60歳未満の人の多くは年金を不安に思っているし、そうコメントする人が多いのです。

では、実際に年金を受け取り始めた65歳以上の人はどうでしょう？　彼らが「いやあ、年金をもらってありがたいです。こういう制度があってよかったです」と言っているでしょうか？　そんなことはありません。

人間は不安や不満があれば声高に唱えますが、満足している時には何も言いません。高齢者がみんな「十分いただいて満足していますよ」などということを言って、年金支給額が減らされたりしたら大変だと思うからです。だから年金を受給している人たちは誰もがひっそりと黙っているのです。昔、年金不安を声高に叫んでいた評論家の人たちもみんな今は年金を受給できる年齢になっていますが、ほとんどの人がもう何も言いません。

さらに言えば、一部の高齢者の人たちは「こんな金額では生活していけない。年寄りをいじめるな」と言い、若者は「お年寄りは〝逃げ切り世代〟で得をしているけど、自分たちはワリを食っている」と言います。

ところが、今や働いている人の9割を占めるサラリーマンをリタイアした人たちにとっては、生活していけないほど年金支給額が少ないというわけではありません。また、後に詳しく説明しますが、逆に高齢者の人たちは〝逃げ切った〟わけでも得をしているわけでもないのです。

互いに不信感を持ったまま世代間対立が起きるというのは決して好ましいことではありません。にもかかわらず、そうした対立を煽って年金不安を掻き立てる人たちがいます。それが2つめの理由です。

年金不安を煽る三悪人

私は①マスコミ、②金融機関、③野党、の三者を「年金不安を煽る三悪人」と言っています。〝悪人〟とは言っても、それは公的年金を正しく伝えたいという私の立場から見て好ましくないと思えるだけで、彼らは決して悪いわけでも何でもなく、むしろ自分たちの利益に忠実に行動しているに過ぎません。

まず、マスコミですが、ほとんどのマスコミは世の中で起きたことの内、悪いことや困ったこと、不安なことを報道するという姿勢が基本です。

九州の宮崎に「日本講演新聞」という新聞があります。これは各種講演会を取材して、面白かった話、感動した話、心温まった話、ためになった話を講師の許可を得て掲載しているという、言わば良いことしか報道しない新聞なのですが、普通の新聞にはこういう記事はあまり載りません。なぜかと言えば、いい話をしても読まれないからです。テレビのワイドショーで言えば、暗いニュースや不幸な話を放送しないと視聴率は上がりません。とても残念なことに、人間の心理には「人の不幸は蜜の味」という面があることは否定できません。

また、何か悪いことが起こった時の犯人捜し、すなわち誰かを悪者に仕立て上げることで一般大衆の支持が得られるという面もあります。だからマスメディアというのは不安を煽ることが常態化しているのです。それはこの1年あまりのコロナ禍の報道を見ても明らかだと思います。

これをけしからんというのは簡単です。SNSでは〝マスゴミ〟などというささか品のない言葉も横行しています。しかしながら、マスメディアの多くは営利企業です。購読数、販売部数や視聴率が上がらないことには彼らの商売は成り立ちません。どうしても視聴者や購読者が求める〝人の不幸〟や〝犯人捜し〟を優先して報道する結果、不安を煽りやすい老後や年金の話に行き着くのは仕方のないことかもしれません。

「不安」な方が金融機関には好都合

次に金融機関です。金融機関にとっては、多くの人が「年金は不安で破綻するかもしれない」というイメージを持っていてくれた方がいいのです。年金が頼りにならないからこそ自分たちが販売する金融商品が売りやすくなるからです。

私もかつてはその一味でした。30年前、40年前には「年金なんてあてになりませんよ」といってお客様に投資信託の購入を勧めたものです。金融機関の営業マンが年金不安を唱えて商品を勧めるのは、営利企業としては当然の行為です。彼らは、収益責任を負っています。一定の収益が上がらなければ株主からは不満が出ますから、違法行為でない限り、工夫をして金融商品を販売しようとするのは当然です。

それに、彼らの弁護をするわけではありませんが、彼らは自分達が嘘をついていると は思っていません。一般市民と同じく、「年金はあてにならない」と信じているからこそ、自信を持って自社の金融商品を勧めているのです。会社では公的年金の正しい知識など教えてくれませんから、彼らが間違ってしまうのも仕方ありません。私自身、現役当時は本当に「年金の将来は危ない。だからお客さんに金融商品を勧めるのはお客さんのためだ」と信じて働いていました。

年金批判における野党の「成功体験」

そして3番目が野党です。野党にとっては、「年金」というのは政府を攻撃するには格好の材料なのです。

実際に成功体験もあります。2009年に政権交代がありましたが、その前の2007年にいわゆる「年金加入記録問題」が起こり、国会やマスコミにおいて当時の社会保険庁の年金記録管理に対して国民から大きな批判が起こり、それが結果的に政権交代につながったと言えるからです。事実、政権交代後の２００９年12月に当時の鳩山由紀夫首相は「記録問題を何とかしてほしいという国民の期待が、政権交代の原動力になった」と発言しています。

ただ、その後の民主党政権の中枢に居た方々の発言を聞いていると、年金について誤解していたという反省ニュアンスの発言もありますので、必ずしも悪意を持って意図的に攻撃材料として年金問題を使ったわけではないかもしれません。いずれにしてもマスコミや金融機関同様、年金不安を言い募ることが自分達の最大の利益である政権交代につながったというのは事実と言っていいでしょう。

これらの三者は必ずしも悪意を持っているわけではなく、いずれも自分達の利益を最大化することを目的に行動しているという共通点があります。したがって、彼らを責めても仕方ありません。我々が考えておかなければならないことは、我々自身が年金について正しい知識を持って彼らの思惑に惑わされないようにすることだと思います。

年金不安の理由は年金を知らないことではない

最後、3つ目の理由は「年金を間違って理解しているから」です。最終的に私は年金不安の根本原因はここに行き着くのではないかと考えています。

もし年金不安の理由が「年金をよく知らないこと」であれば、これは割と簡単です。知らないなら教えてあげれば良いからです。〝知らないこと〟よりも厄介なのは〝間違って理解している〟ということです。何せ本人は、わかっているつもりですから、そもそもそれを覆すのが大変です。それに人は自分が知っていることを否定されたり訂正されたりすると、あまり良い気分にはなりません。そこでいくら正しい知識を伝えようとしても反発されてしまう、つい最近まではそういうことの繰り返しでした。

私もいろんな雑誌やコラムで年金に関する記事を書くと、コメント欄の反発はすさまじいものがありました。殺害予告すら受けたことがあります（さすがにこれは警察に通報しましたが）。

ところが最近は少し風向きが変わりつつあります。数は少ないものの、今まで年金についての正論を述べてきた方々の地道な努力が報われてか、マスメディアも論調に変化が見えます。

以前であれば年金破綻論を唱える学者や評論家の人たちの言説が大きく取り上げられていましたが、最近はめっきりと減ってきました。残念なことに彼らの話は根拠が弱く、エビデンスに欠けるところがありますので取り上げられにくくなったのではないかと思います。

私がこの本を書いたのも、今なら正しい知識をエビデンスを交えてお話しすることでそれまでの間違った認識に気付いてくれる人が増えるのではないかと思ったからです。

さて、それでは次の節から「年金の本質」についてお話をしていきたいと思います。

2　年金の本質(1)―年金は〝貯蓄〟ではなく〝保険〟

貯蓄と保険の違いは?

さて、ここからは公的年金というものの本質を正しくお話ししたいと思います。それもできるだけ難しい話は避け、ごくシンプルに3つに絞ってわかりやすくお話しします。

まずひとつ目は、「年金は〝貯蓄〟ではなく、〝保険〟である」ということです。実はこの概念は年金で最も大切な本質であり、この考え方がちゃんと理解できれば年金に対する誤解や間違いの8割以上は解消すると言っても良いと思います。

読者の中には「え! 保険って、あの生命保険とか自動車保険の保険でしょ? 年金の一体どこが保険なの?」と思う人もいるでしょう。「保険」と聞くと、民間の生保や損保が提供している保険がすぐ思い浮かびますから、それと年金がどう結びつくのかがピンとこないのだろうと思います。

たしかに民間の保険会社は様々な保険を提供していますが、実は最も大事な保険は民間の保険ではなく、「社会保険」なのです。社会保険というのは、病気になった時に治療費がまかなえる健康保険や失業した時の雇用保険、あるいは年を取って要介護状態になった時に補助される介護保険といったものです。年金もそんな社会保険のひとつです。

そもそも「貯蓄」と「保険」の違いって何でしょう？　この2つは全く異なる概念のものなのです。

貯蓄は、「将来の楽しみのために自分で蓄えるもの」、これに対して保険は、「将来の不幸のためにみんなで備えるもの」です。いずれも、「将来」のために「準備しておく」ことは同じですが、その目的や方法は全く正反対です。貯蓄の場合は、「来年は海外旅行に行こう」とか、「子供が大学に進学するためのお金を作っておこう」、あるいは「将来、家をリフォームするためにお金を積み立てておこう」といった具合に自分や家族の楽しみのために蓄えておきますが、保険は、一家の働き手が突然亡くなったり、病気や失業、火災や自動車事故に遭ったり、といった人生において起こり得る不幸に備えるものです。

ただし、この不幸は楽しみと違って突然訪れることも多いものです。そんな時に困らないようにするためにみんなでお金を出し合っておいて、そんな不幸が突然訪れた人にお金を回してあげる、それが保険という仕組みなのです。

年金はどんな不幸に備える保険？

では、公的年金は一体どんな不幸に備える保険なのでしょうか。年金が想定している最も大きな不幸は「予想外に長生きすること」です。「え？　長生きするってしあわせなことじゃないの？」と思うかもしれませんが、長生きしてしあわせなのは、健康でお金がある場合です。長生きはしたけれどお金が全くなくなってしまったのでは、悲惨なことになりかねません。そこで、金融機関の人などは、よく「年金なんてあてになりませんから、老後に備えて自分で投資（貯蓄）しましょう」と言いますが、何歳まで生きるかは誰にもわかりません。自分で備えると言っても「いくらあれば安心か？」というのは正直に言ってわからないのです。だからこそ終身、つまり死ぬまで受け取ることのできる年金制度が必要なのです。

これは言わば所得保障の役割を果たすもので、「老齢年金」というものです。事故や病気や火災といった不幸は必ず起きるかどうかはわかりませんが、年をとって働けなくなるというのは等しく誰にでも訪れます。だからこそ死ぬまで受給することができる「老齢年金」というのは「長生きリスク」に備える公的年金の最も大事な役割なのです。

2番目の不幸は病気や怪我で障がいを負ってしまった場合です。これに対応するのが「障害年金」です。「老齢年金」の場合は原則65歳、繰り上げても60歳からしか年金を受給できませんが、障害年金だと、一定の要件はありますが年齢に関係なく、障がいを負った時から、こちらも終身で受けることができます。民間の保険で言えば、仕組みは異なりますが、「傷害保険」に似た役割ですね。

そして3番目の不幸は死亡です。自分自身が死んでしまえばそれでおしまいですが、自分が一家を支える働き手であった場合、残された家族の生活に支障が生じます。そこでそれをカバーするために思いつくのは生命保険ですが、公的年金には「遺族年金」という制度があるため、残された家族に対して一定の年齢になるまで、年金が支給されます。したがって、民間の生命保険に加入する場合でも自分がもし亡くなった場合、遺族年金がどれぐらい支給されるのか、をよく調べた上で生命保険に入った方がいいでしょうね。

このように公的年金には3つの不幸に備える機能がありますが、大事なことは、それぞれが別の年金制度ということではなく、厚生年金や国民年金に加入していれば、「老齢年金」、「障害年金」、そして「遺族年金」のいずれも受給することができるということです。すなわち一番基本になるのは「老齢年金」ではありますが、何らかの不幸が起きた時にそれに合わせて支給されるということを知っておいてください。

年金で損得を考えても意味はない

さて、ここまでで「年金は保険である」ということがおわかりいただけたと思います。ところが世の中の多くの人はこのことに気付いておらず、「年金は貯蓄だ」と思っている人が多いのです。年金が貯蓄だと勘違いしているとどんな不都合が生じるでしょう。

それは年金を「損得」で考えてしまうことです。

よく「年金は何歳から受け取れば得か？」みたいな記事が雑誌などに出ることがありますが、年金を損得で考えても意味はありません。年金は保険ですから一番大切なのは「損得」ではなくて「安心感」なのです。保険に入るのは、何か悪いことが起きた場合でも金銭的な補償が得られるという安心感を得るためですよね。でも、もしその悪いことが起こらなければ払った保険料は無駄になります。でも、それは必ずしも無駄とは言い切れません。万が一に備える安心感を買ったと思えば誰もが納得できるはずです。

年金も同じで「どんなに長生きしても死ぬまで年金が受け取れる」という安心感が大切なのです。仮に１００歳まで生きれば65歳から支給される年金は35年間受け取ることができます。でももし60歳になる少し手前で死んでしまえば、年金は１円も受け取ることができませんから、それまでに40年近く払った保険料は無駄になり、損です（残された家族がいれば、遺族年金は支給されますが）。でも死んでしまえば損も得も関係ありません。大切なのは損か得かではなくて、何歳まで長生きしても生活することができるという安心感にあるのです。

サラリーマンであれば平均的には１人あたり月額で約15万円程度の年金が支給されます。共働きで２人とも厚生年金に入っていれば、給与の額によって変わりますが大雑把に言えば、この倍の約30万円になります。また夫婦のどちらかが働いていない場合、いわゆる専業主婦（夫）で世帯主の被扶養者になっている場合は、その専業主婦（夫）については基礎年金部分だけが支給されますので月額で約22万円になります。（※　令和三年度年金額改定　厚生労働省より　https://www.mhlw.go.jp/content/12502000/000725140.pdf）

この金額が多いか少ないかは、その人のライフスタイルによって変わってくるでしょうが、厚生労働省が調査した「２０１９年　国民生活基礎調査」によれば、収入に占める年金の割合が１００％という世帯が48・４％となっていますから、年金収入だけで暮らしている世帯が半数近くあるということになります。これが終身で支給されるという安心感はとても大きいのではないでしょうか。年金の本質は〝保険〟なのです。

3　年金の本質(2)―年金は自助でも公助でもなく〝共助〟

年金は「共助」

ひと頃、前内閣総理大臣が就任後に「自助、共助、公助」という話をして話題になったことがありました。これについては「国の責任を放棄するのか！」とか「何でも自己責任にするのか！」といった少しピントのずれた意見が出てきましたが、よくよく考えてみると前総理が言っているのは何も特別なことではなく、ごく当たり前の話に過ぎません。

人が生きていくためにはまず働くことが第一であるのは当然です。親の財産で一生働かなくても食べていける人などほとんどいないでしょう。大部分の人はまず自分で働いて生計を立てるというのが当然です。ところが不幸にして病気や事故で障がいを負ってしまった人は働くといっても限度があります。あるいは年をとって定年退職したり、引退したりした人は収入がありません。そういう人たちを社会全体で面倒を見ましょうというのが共助であり、その財源となるのは社会保険料です。

ところが障がいもなく、年齢も若いものの、何らかの理由で社会保険料が払えなかった人や人生において何らかの大きな失敗やトラブルに見舞われて生計を維持していくことができなくなった人も一定数はいます。そういった人を救ってあげる最後のセイフティーネットが公助なのです。具体的に言えば、「生活保護」が公助の代表的なものと言ってもいいでしょう。

年金の給付財源となるのは年金保険料ですから、保険料を払わなかった人には年金は支給されません。でも生活保護は、別に社会保険料を払わなくても一定の要件を満たせば受けることができます。その財源となるのは税金だからです。

別な言い方をすれば年金の役割は「防貧機能」にあります。若い時から年金保険料を払っておくことで年を取っても貧困に陥らないよう、それを防ぐのが年金制度の役割です。一方、生活保護という制度の役割は「救貧機能」です。何らかの理由で貧困に陥ってしまった人を救うのがその役割ということです。したがって、生活保護は「公助」ですが、年金は「共助」なのです。

年金の本質は「扶養機能を社会的に制度化」したもの

では、ここでごく簡単に我が国における年金の歴史を振り返ってみます。現在、20歳以上、60歳未満の全ての国民が加入する国民年金（基礎年金）が誕生したのは昭和36（1961）年です。それ以前も一部、公的年金はありましたが、国民皆年金という仕組みが始まったのはこの時でした。

では、それまで公的年金がなかった時代は、年をとって働けなくなった人はどうやって生活していたのでしょう。図1をご覧ください。公的年金制度がなかった時代、親の生活の面倒は子供がみていました。もちろん自分で蓄えるのが基本でしたが、その蓄えた財産を相続するのは、戦前の場合だと長男でした。長男は親の財産を全部相続できる代わりに親の面倒をみていたと言うケースが多かったのです。もちろん子供がいない場合もあるでしょうから、その場合は兄弟や親族、場合によっては地域で助け合うという

図1　扶養機能は互助から共助へ

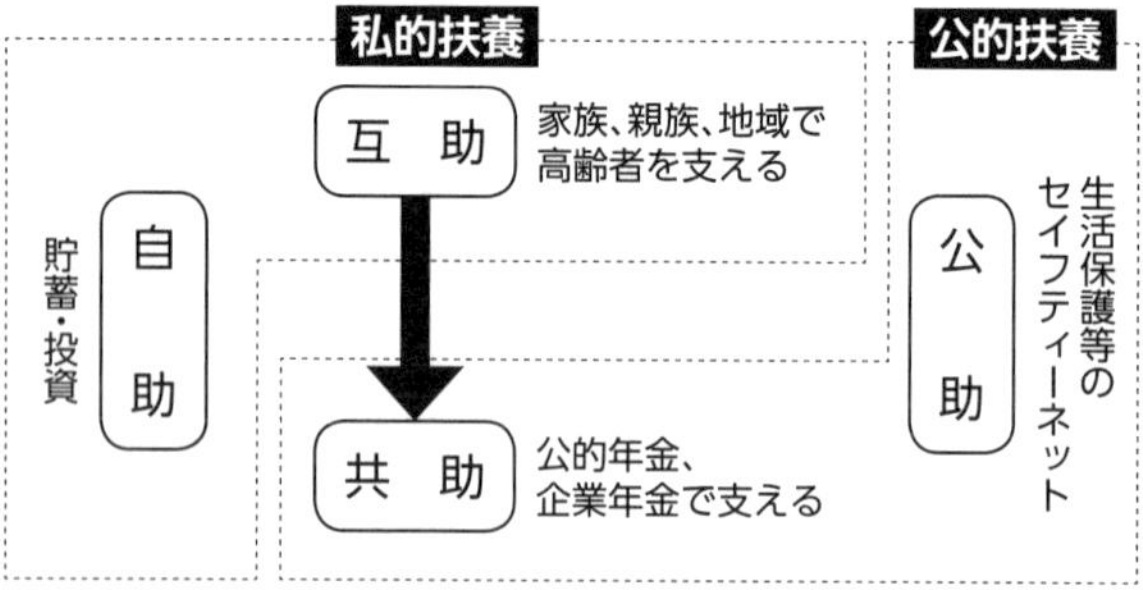

こともあったでしょう。これは言わば〝互助〟の考え方です。若い時に親の面倒をみてきたから、自分が年取った時には面倒をみてもらえる、という世代間による互助ですね。

ところが時代が変わり、戦後の高度成長期になると、子供達はどんどん都会に出て行ってしまいます。そのため、〝互助〟の考え方があまり現実的ではなくなってきたのです。

そこで、それまで家族が支えていた扶養機能を社会全体で仕組み化する必要が出てきたことで、公的な年金制度が生まれたというわけです。企業年金は公的年金とは全く仕組みが違いますが、従業員に払うべき給与の一部を年金化して退職後に支払うという考え方ですから、これは互助ではなく、共助に近いと考えるべきでしょう。このようにして扶養機能は、私的扶養である「互助」から公的扶養である「共助」に変わっていったのです。

さらに言えば、自助である個人の資産形成は私的扶養、前述した生活保護などのセイフティーネットは公助ですから公的扶養に分類され、共助でまかないきれない部分やそこからはみ出してしまった部分への対応手段として存在していると考えれば良いでしょう。

もし公的年金がなかったら？

仮にもし公的年金という制度が今、なかったとしたら、一体どういうことになるでしょう？

図2にAさん、Bさんという2人の例を考えてみました。どちらも30歳で両親はいず

図2　公的年金がなかった場合の負担額の例

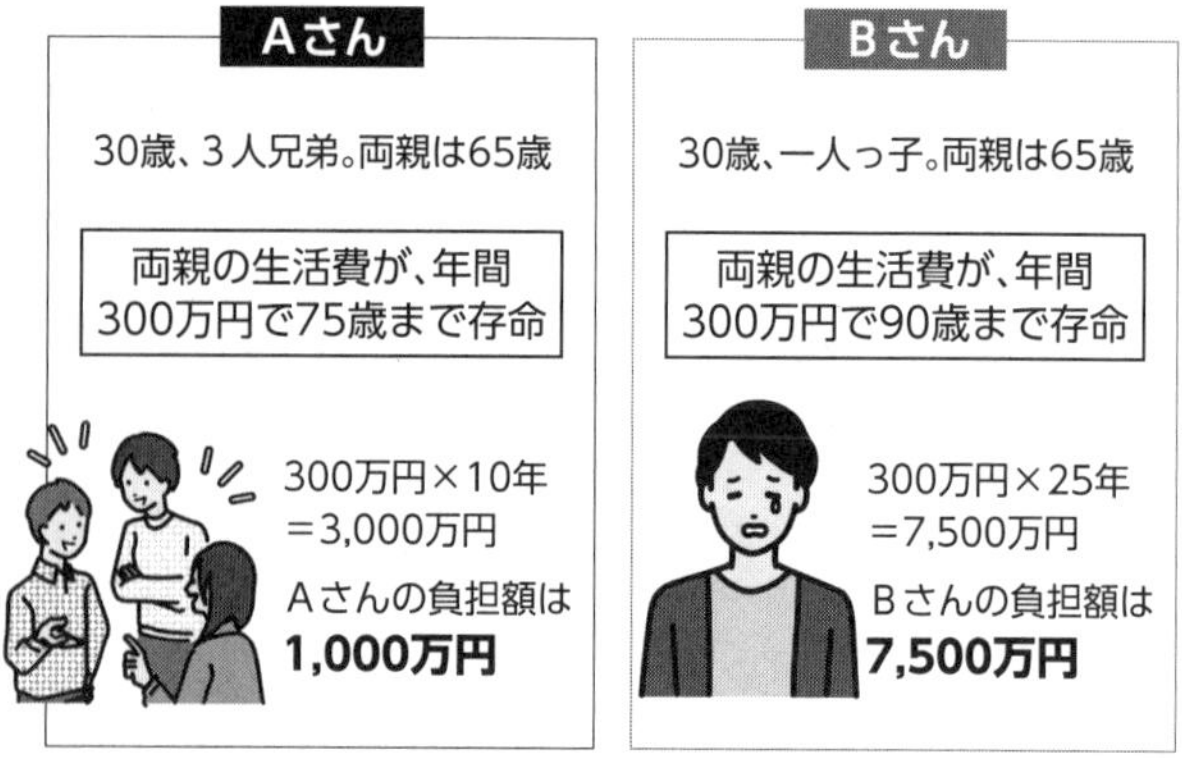
Aさん
30歳、3人兄弟。両親は65歳
両親の生活費が、年間
300万円で75歳まで存命
300万円×10年
＝3,000万円
Aさんの負担額は
1,000万円
Bさん
30歳、一人っ子。両親は65歳
両親の生活費が、年間
300万円で90歳まで存命
300万円×25年
＝7,500万円
Bさんの負担額は
7,500万円

れも65歳、生活費が年間３００万円というところも同じです。違いはAさんが３人兄弟でBさんが一人っ子ということ、そしてAさんの両親は75歳まで存命ですが、Bさんの両親は90歳まで長生きしたという条件です。

Aさんの場合、両親のこれから10年間の生活費は３００万円×10年＝３０００万円です。年金制度があれば、このお金の大部分は年金でまかなえますが、年金のない世界という前提なので、この３０００万円を兄弟３人で分担します。１人当たり１０００万円ということになります。これなら何とかなるかもしれません。

ところがBさんの場合だとこうはいきません。90歳まで存命だった場合、ここから25年間の生活費を計算すると300万円×25年＝7500万円という巨額な金額になります。しかもBさんは一人っ子ですから、この金額を全部自分でまかなわなければならないことになります。この金額を両親のために準備するというのはまず不可能でしょう。

もちろん、ここでは話をわかりやすくするために極論をお話ししています。実際にはもし年金制度がなければ親が自分の老後に備えてかなりの金額を蓄えるでしょうから、ここでお話ししたような極端なことにはならないと思います。

ただ、問題なのは親がお金を準備してくれているかどうかは、子供の力ではどうしようもないということです。さらに言えば、兄弟の数や親の寿命も自分の力では決めることはできません。つまり自分の努力や心がけではどうにもならないことによって将来の自分の生活状況が決められてしまうということになりかねないのです。

年金制度があれば、少なくとも親は年金保険料だけは払うでしょうから、生活に最低限必要な年金は給付されます。兄弟の数は何も関係ありません。親がどれだけ長生きしようが、給付は終身ですから問題はありません。

親の心がけ、寿命、そして兄弟の数といった自分の力ではどうにもならないことによって社会的な格差が生じるということがあってはなりません。そのための社会保険制度であり、公的年金なのです。

「だったら生活保護でいいんじゃない？」という誤解

若い人の中には「もらえるかどうかわからない年金のために保険料を払うぐらいなら、そんなもの払わずに、将来は生活保護受けた方がいいんじゃない？」という人もいます。しかしながらこれは大きな誤解なのです。生活保護というのは申請さえすればすぐに認められて支給されるというものではありません。何せ税金からまかなわれるわけですから、かなり厳格な調査が行われます。それは「ミーンズテスト（資力調査）」と呼ばれるもので、その人の収入や持っている資産だけでなく、家族や親族との関係やこれまでの人生について洗いざらい調べられるという厳しい調査なのです。

それに生活保護には「補足性の原理」というものがあり、働いて収入を得たり、社会保障や援助金等があったりした場合、その金額に応じて給付が打ち切られます。たとえば東日本大震災の時に東京電力から支給された補償金が収入とみなされて、生活保護が打ち切られたこともあります。社会保険のように自分で保険料を負担した結果得られる給付と異なり、多くの人によって負担された税金から支払われることになるため、その運用は厳格になるのは当然と言って良いでしょう。実際に2019年の時点での生活保護費負担金は3・8兆円ですが、この内の半分は医療費で、生活扶助として支給されている金額は1兆2000億円弱です（※1）。我が国の社会保障給付費は全体で約127兆円（2020年予算ベース）ぐらいですから、生活扶助として支給されている生活保護費は社会保障給付費用全体の1％程度しかありません。

「年金保険料なんか払わなくても生活保護を受ければいいや」というような甘い考えは持たない方が良いと思います。

（※1）「生活保護制度の概要について」（厚生労働省）　https://www.mhlw.go.jp/content/12002000/000488808.pdf

4　年金の本質（3）──「年金は将来のモノやサービスに対する請求権」

30年後にペットボトルのお茶を飲むには？

さて、ここまで年金の本質に対して2つのお話をしてきましたが、年金の本質の最後、3番目は「年金は将来のモノやサービスに対する請求権である」というお話をしたいと思います。これまでの2つと違って、少しわかりにくい表現が出てきましたね。それは「請求権」という概念です。まずはわかりやすい例を挙げて説明します。

みなさんは今自分の年齢が35歳だと想像してください。今から30年後、すなわち65歳になった時にペットボトルのお茶を飲むにはどうすればいいでしょう？「そんなの簡単じゃない。コンビニに行って買えば良いだけでしょ？」、恐らく誰もがこう答えるのではないでしょうか。でも30年後にもコンビニがあるかどうかはわかりません。ひょっとしたらペットボトルのお茶というものがなくなっているかもしれません。だって50年前にはそんなものはありませんでしたから。ではどうすれば良いのか？

　ここは議論を明確にするために、極端なお話をします。30年後にペットボトルのお茶を飲む方法、その1つは今あるお茶を冷凍するなりなんなりして30年後まで保存するという方法です。でも、これは1本のペットボトルだけならできるかもしれませんが、日常生活で必要なモノやサービスを全部30年後に備えて取っておくことはできません。たとえば30年後に散髪してもらうために専用の床屋さんを今から雇い続けるわけにはいきません。

　したがって、現在のモノやサービスを蓄えておくということは理屈としてはあっても現実にはそんなことはあり得ません。ではどうすれば良いか？という答え、それが「30年後のモノやサービスに対する請求権を持つ」ということなのです。この場合の「請求権」というのは30年後にも今と同じモノやサービスを手に入れることができる権利ということです。

高齢者はお金が欲しいわけではない

ところで「請求権」などという言葉が出てきたのというのは一体どういうことなのでしょう。そんなややこしい言葉を使わなくても「お金」と言えば良いのではないでしょうか？　「30年後にモノやサービスを購入することができるお金があれば良い」と言った方がずっと単純でわかりやすいです。

ところが、「お金」と言いますが、そのお金は一体どれぐらいあればいいのでしょうか？　ペットボトル1本の今の代金が100円だとすれば、30年後も100円あれば良いのでしょうか？　それはわかりませんね。今後は物価が上昇するかもしれません。30年後には100円では買えず、200円出さないと買えないかもしれないし、ひょっとしたら1本1000円になっているかもしれません。要は将来のお金の価値がどうなるかということは誰にもわからないのです。

だからこそ、〝お金そのもの〟があってもそれではあまり意味がありません。大切なのはいくら物価が上昇しても今と同じ価値のモノやサービスを手に入れることができる

〝購買力〟なのです。したがって、高齢者は自分では意識していないものの、本当はお金自体が欲しいわけではなく、どんな世の中になっても「購買力」を確保したいということなのです。

ここまでお話ししてきたことは、イギリスの経済学者であるニコラス・バー教授（LSE＝ロンドン・スクール・オブ・エコノミクス）が、その著書『The Welfare State as Piggy Bank』（邦題：福祉の経済学）に書いていることです。「年金生活者が関心があるのは金銭ではなく、消費（食料、娯楽、医療サービス等）であり、いかにして将来の生産物を手に入れることができるか、ということこそが最も重要である」と主張しています。

そしてこれは個人のレベルでは巨額の資産を築いた人であれば可能かもしれませんが、国民全体を対象とするレベルであまねく実現するには、賦課方式で年金制度を運営する以外には方法はありません。

賦課方式というのは現在、ほとんどの国で実施されている年金の運営方式で、現役の人たちがその年に納めた保険料を原資として、同じ年に受給者へ年金として給付するというやり方です。実は、この賦課方式が購買力を維持するためには一番適した方法なのです。ではなぜそうなのかについて考えてみましょう。

購買力を維持する一番良い方法は?

大切なのはお金そのものではなく、どんなに物価が上昇してもモノやサービスを手に入れることができる購買力だということをお話ししました。では、購買力を維持するにはどうすれば一番良いのでしょうか？　それは物価上昇に連動することです。

いくら物価が上がっても、それにスライドしていれば購買力は維持できます。そして物価上昇に最も適切にスライドするのは「賃金」です。ここしばらく、日本では物価も賃金も上がっていないので、ピンと来ないかもしれませんが、物価が上昇するというのは、需要が増えてモノが売れるようになるからです。その結果、景気は良くなります。極端で急激なインフレでない限りは物価上昇というのは長期的には経済成長がもたらす結果です。ということは同時に働いている人の給料も上がることになります。

賦課方式の年金というのは現役で働いている人の給料からその一定割合を保険料として納めてもらい、その保険料を年金として支給する仕組みですから、給料が上がれば、年金支給額も増えることになります。つまり将来、物価が上昇しても購買力が維持できるというわけです。事実、年金支給額というのは原則、賃金・物価にスライドする仕組みになっていますが、それは賦課方式だからこそできる方法なのです。ところが、世の中にはこの賦課方式が良くないということを言う人もいます。でもそれは明らかに間違いであることは後ほど詳しく述べます。

多くの人は、年金は保険料を積み立てておいて、将来自分がリタイアした後にその積み立てたお金を受け取る仕組みだと思っていますが、それは違います。もしそうだとしたら、物価上昇に負けないようにそのお金を運用しないといけません。でも、いつの時代でもその時代の現役の給料をベースにした保険料から年金が支払われるとしたら、「運用」という不確実な方法に委ねる必要がなくなります。

結局、年金保険料を払うということは何を意味するかというと、「将来、生活していく上で必要となるモノやサービスを手に入れる権利を確保すること」です。年金制度はそれを今の時点で約束しておく公的な取り決めということなのです。

つまり年金保険料を払った人は将来、物価上昇に十分持ちこたえた金額を年金として手にすることができるようになるということです。「年金は将来のモノやサービスに対する請求権」というのはこういう意味なのです。

第2章 年金に対する誤解を解く

——初級編——

1 「年金財政は赤字」という勘違い

赤字なのは「国の一般会計」

さて、本章からは、多くの人が抱いている公的年金に対する勘違いについてお話をします。ひとくちに勘違いと言ってもさまざまなレベルがあります。週刊誌やネットの記事に書いてあることから、専門家や大学の先生と呼ばれる人たちの発言の中にも「これはどう考えても勘違いをされているのではないだろうか？」と首をかしげざるを得ないようなものもあります。

そこで本書は、勘違いのレベルを初級、中級、上級と3段階に分け、それぞれの勘違いについて、どこが間違っているのか?を数字のエビデンスを交えながら、詳しく解説していきたいと思います。まず本章では「初級編」から始めます。

初級編の最初は「年金財政は赤字である」という誤解です。一般的に「我が国は巨額の財政赤字がある」と言われています。これは事実です。でも赤字なのは、あくまでも一般会計です。財務省が発表している「財政に関する資料」（https://www.mof.go.jp/tax_policy/summary/condition/a02.htm）を見てみましょう。

令和3（2021）年度の歳入・歳出の金額は106兆6097億円となっています。歳入、つまり国の収入はと言えば、その大部分は税金です。税とその他収入を合計すると約63兆円です。

一方、歳出は106兆円あまりありますから、その差額は約43兆円になります。もちろん歳出の中にはこれまでの借金の返済や利息の支払いが約23・8兆円（これを国債費と言います）あり、これは借金を減らすためのお金ですから、純然たる赤字額は20兆円弱ということになります。主にこの赤字を埋めるため、そして国債の利息の支払いや元本の償還費をまかなうなどのために発行されている国債の残高は令和3年度末で990兆円になると見込まれていますので、言わば国の財政赤字は1000兆円近くあるということになります。

ところが年金は、この一般会計とは別の勘定になっています。戦前からあったいくつ

図3　公的年金の令和元年度末（2020年3月末）積立金残高

厚生年金					国民年金		公的年金制度全体
厚生年金勘定	国家公務員共済組合	地方公務員共済組合	私学教職員共済	計	国民年金勘定	基礎年金勘定	
1,493,896	67,805	198,739	22,246	1,782,686	85,232	37,281	1,905,199

（単位：億円、積立金残高は時価ベース）

※厚生労働省「第87回社会保障審議会年金数理部会（2021年3月15日）」資料より株式会社オフィス・リベルタスが作成
https://www.mhlw.go.jp/stf/shingi2/0000198131_00015.html

かの保険事業を様々な紆余曲折を経て平成19（2007）年に統合してできた「年金特別会計」がそれです。

年金特別会計には公的年金だけでなく、健康保険や子育て支援等の経理も含まれますが、公的年金だけを取り出してみると、年金積立金と言われるお金が令和元年度末で約190兆円あります。それが図3です。

つまり、年金財政は赤字なのではなく、190兆円もの〝貯金〟を持っているのです。

したがって、年金財政は赤字というのはまったく違います。

積立金はなぜこんなに多いの？

では、そもそもこの200兆円近いお金は一体どこから出てきたのでしょうか？　これは何もどこからか急に降って湧いて出てきたものではありません。

第1章でも少し触れましたが、公的年金制度は毎年の保険料からその年の年金支給をまかなっています。たとえばこの数年の収支状況を見てみましょう。

図4をご覧ください。収入は、毎年入ってくる保険料と国庫からの収入です。内訳は約4分の3が保険料で残りのほとんどは税金です。一方、支出は年金受給者への給付です。図をご覧いただければおわかりのように、年によってはプラスの年もマイナスの年もあります。景気が悪くて給料があまり上がらない、あるいはボーナスが下がったりすると入ってくる保険料が少なくなることはありますし、新たに年金を受給する人が増えたりすると給付額も増えますから、毎年多少のプラスマイナスが出てくるのは当然です。

したがって、マイナスになった場合は、190兆円の積立金から引き出し、逆にプラスになった場合は積立金に加えるようにしています。家計に例えてわかりやすく言えば、

図4　公的年金の毎年の収支

年度	収入	支出	差引	年度末 積立金残高
令和元年度 (2019)	52.9	53.3	▲0.4	190.5
平成30年度 (2018)	52.8	53.0	▲0.2	200.7
平成29年度 (2017)	52.7	52.4	0.3	198.1
平成28年度 (2016)	53.5	51.7	1.8	185.8
平成27年度 (2015)	51.6	51.0	0.6	174.7

(単位：兆円、積立金残高は時価ベース)

※厚生労働省HP「公的年金財政状況報告」(各年度分) 及び第87回社会保障審議会年金数理部会(2021年3月15日)資料より株式会社オフィス・リベルタスが作成
https://www.mhlw.go.jp/stf/seisakunitsuite/bunya/0000128082.html

年収500万円の家庭で貯金が1900万円あると思ってください。たまたまその年は支出が多くて支出総額が550万円だとすると50万円の赤字になります。その場合は1900万円の貯金から引き出してそれに振り当てればいいですし、逆に昨年のようにコロナ禍で旅行や外食が減って支出が450万円で収まれば、逆に50万円黒字になりますので、それは貯金に加えればいいわけです。

国民年金が始まったのは昭和36（1961）年で、これによって国民の誰もが年金制度に加入する「国民皆年金」となりました。我が国の戦後を振り返ってみると、こうした年金制度の充実が図られた頃は高度成長のまっただ中にいました。毎年給料が上がっていくことで年金保険料の収入はとても潤沢にあり、逆に年金受給者の数はそれほど多くなかったことで保険料の一部を積立金として蓄えることができたのです。

積立金は運用されている

また、本章の4節でも詳しくお話ししますが、年金の積立金はじっと何もせずに現金で置いてあったわけではなく、運用されてきています。その運用が生み出す収益もかなり多いのです。図4をもう一度見ていただくとおわかりのように毎年の収支だけならそれほど過不足は大きくありませんが、積立金はかなり変動しています。

たとえば平成27年度から28年度への変化で見ると平成28年度の収支はプラス1・8兆円ですが、年金積立金の残高は11兆円あまりも増加しています。これは運用による評価益が加わったためです。逆に平成30年度から令和元年度で見ると収支はわずか0・2兆円程度のマイナスですが、積立金は10兆円ほど減少しています。これは令和元年度の運用収益がマイナス9兆円近くあったからです。

令和元年度というのは2019年4月～2020年3月末までです。ご存じのとおり、2020年3月はコロナ禍による株式市場の大幅下落によって日経平均や米国のニューヨークダウは3割以上下落しました。その時点での影響が出たわけですから、これは仕方のないことです。しかしながら4月以降は市場が順調に上昇したこともあって、2020年4月～21年3月までの収益額は37兆円を超えています。令和2年度末の年金積立金はまだ公表されるのは先になると思いますが、恐らく200兆円を上回っているのではないかと想像しています。

「でも、そんなに値動きが上下するのなら心配だ」と言う人もいるでしょう。でもこれについてはそれほど心配することはないのです。その理由については後ほど「年金積立金の運用」のところで詳しくお話をしたいと思います。

外国に比べても格段に多い積立金

実は我が国の200兆円近い年金積立金の額は世界的に見ても極めて多いのです。図5をご覧ください。我が国の年金積立金は、毎年の年金給付を全て積立金のみでまかなったとしても4・9年分あるのです。これがアメリカだと3年分、ヨーロッパに至っては、ほとんど積立金はありません。

「え？　じゃあ4・9年分しかないのだったら、日本も年金は5年も持たないんじゃないの？」と思うかもしれませんが、そういう心配は全くありません。

なぜなら年金積立金はあくまでもバッファー、調整弁であって、年金を支給する原資というわけではないからです。もし年金積立金が年金給付の原資というのであれば、イギリス、フランス、ドイツといった国々はほとんど年金積立金がありませんから年金は給付されないことになります。それでもそれらの国々では、毎年きちんと年金受給者に年金は支払われています。それはいずれの国も賦課方式で、現役世代が払い込む保険料を年金給付の原資にしているからです。

図5　年金積立金額の国際比較

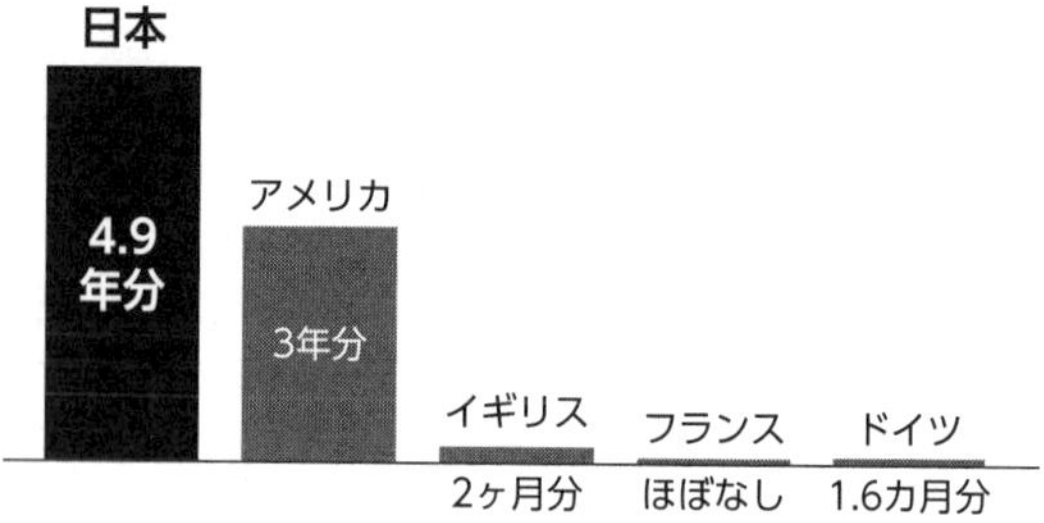

出典：厚生労働省年金局　「諸外国の年金制度の動向について」　2018年7月30日
https://www.mhlw.go.jp/content/12601000/000339624.pdf

我が国の場合は幸いにして戦後若い層が多く、経済も高度成長が続いたことで、他の国に比べて年金積立金を多く蓄えることができたということなのです。これはまさに僥倖《ぎょうこう》と言えるでしょう。

少子高齢化が進むと言われている我が国において、年金制度を健全に維持していくためにもこの積立金を活用することの意味は大変大きいと思います。年金財政は決して赤字ということではなく、年金積立金という大きな貯金があるということをまず知っておいてください。

2　若者は払い損

世代間対立を煽るメディア

これも比較的以前からよく言われていることです。「おじいちゃんの世代は年金をたっぷりもらっているけど、僕らの時代にはきっと年金なんかもらえなくなるに違いない」とか「60歳以上の人は〝逃げ切り世代〟だけど僕らは絶対無理だよね」といった具合に世代間で大きな不公平が存在するということが話題になります。特にテレビの番組などでは、年代別に払ったお金と受け取るお金を面白おかしく漫画で棒グラフにして、いかに若い人が損をしているか、ということをこれでもかとばかりに見せます。

しかしこれは、かなり悪意に満ちた表示だと思います。数字自体は全く嘘ではないでしょうが、色んな数字を都合良くピックアップして見せている可能性が高いからです。

たとえばがん保険の広告で「日本では２人に１人ががんに罹る時代です」と言われま

すが、これはあくまでも生涯罹患率の話で、そのほとんどは70歳以上の人です。国立がん研究センターの「がん情報サービス」サイト（※1）によれば、40歳の人が向こう20年間に罹患する確率は6・9％、70歳の人でも向こう10年間で罹患する割合は31・7％となっています。そして80歳以上の人がそこから罹患する割合が56・6％ですから、現実には2人に1人ががんになるというのは80歳以上の人の話だと言ってもいいでしょう。

後ほど、年金保険料の負担と年金支給額の関係を解説しますが、がん保険の広告と同様に数字自体は間違っていなくてもその利用の仕方でとんでもない誤解を招きかねないということが起こり得ます。

これはとても大事なことなので、これから先も繰り返し言いますが、公的年金で大事なことは「できるだけ多くの人が制度に参加し、その制度を支える」ということなのです。にもかかわらずマスメディアがこうした「世代間対立」を煽るような番組を作っているのは残念でなりません。

図6　世代間の給付と負担の関係

	厚生年金（基礎年金含む）			国民年金		
	保険料負担額	年金給付額	倍率	保険料負担額	年金給付額	倍率
1945年生（76歳）	1,000万円	5,200万円	5.2倍	400万円	1,400万円	3.8倍
1955年生（66歳）	1,400万円	4,600万円	3.4倍	500万円	1,200万円	2.3倍
1975年生（46歳）	2,400万円	5,900万円	2.4倍	1,000万円	1,500万円	1.5倍
1995年生（26歳）	3,400万円	7,900万円	2.3倍	1,300万円	2,000万円	1,5倍

※厚生労働省　「平成26年財政検証結果レポート」より、株式会社オフィス・リベルタスが作成
データの出所：https://www.mhlw.go.jp/file/06-Seisakujouhou-12500000-Nenkinkyoku/report2014_section5.pdf
・2060年時点での金額を物価上昇率で現在価格に割り引いて算出した概算金額、試算はケースEの中位ケース

実際にどうなのかを見てみよう

では、実際に若者は払い損なのかどうかを数字で検証してみましょう。図6をご覧ください。これはそれぞれの世代において自分が負担する保険料と年金給付額がどのようになっているかを一覧表にしたものです。このデータは平成26年の「財政検証結果レポート」に記載されていたものを私が抜粋して作り並べ替えたものです。

現在働いている人の9割は給与所得者（サラリーマン）なので、サラリーマンが加入している厚生年金を例に挙げて見てみましょう。ここで言う年金給付額は、年金保険

料を払い終わった時点の年齢（多くは60歳です）からの平均余命までの合計額で計算をしています。

現在66歳の人の多くは年金を受け取り始めたばかりだと思いますが、保険料の負担額は１４００万円、それに対して受け取る金額の合計は４６００万円ですから負担した保険料の３・４倍となります。これが76歳の人だと５・２倍になるのに対して、26歳の人の場合は２・３倍ですから、この倍率だけを見るとたしかに現在高齢の人の方が得をしているように見えます。「ほら見ろ、やっぱり高齢者の方が良い思いをしているじゃないか」と思うかもしれません。でも実際には決してそういうわけではないのです。この理由は図7をご覧いただくとわかります。

高齢者がすごく得をしているわけではない

第１章の２節で、年金は〝共助〟の仕組みであり、公的年金制度がなかった時代は子供が親の面倒をみるという「私的扶養」の時代だったということをお話ししました。そ

図7　私的な扶養から年金による社会的な扶養

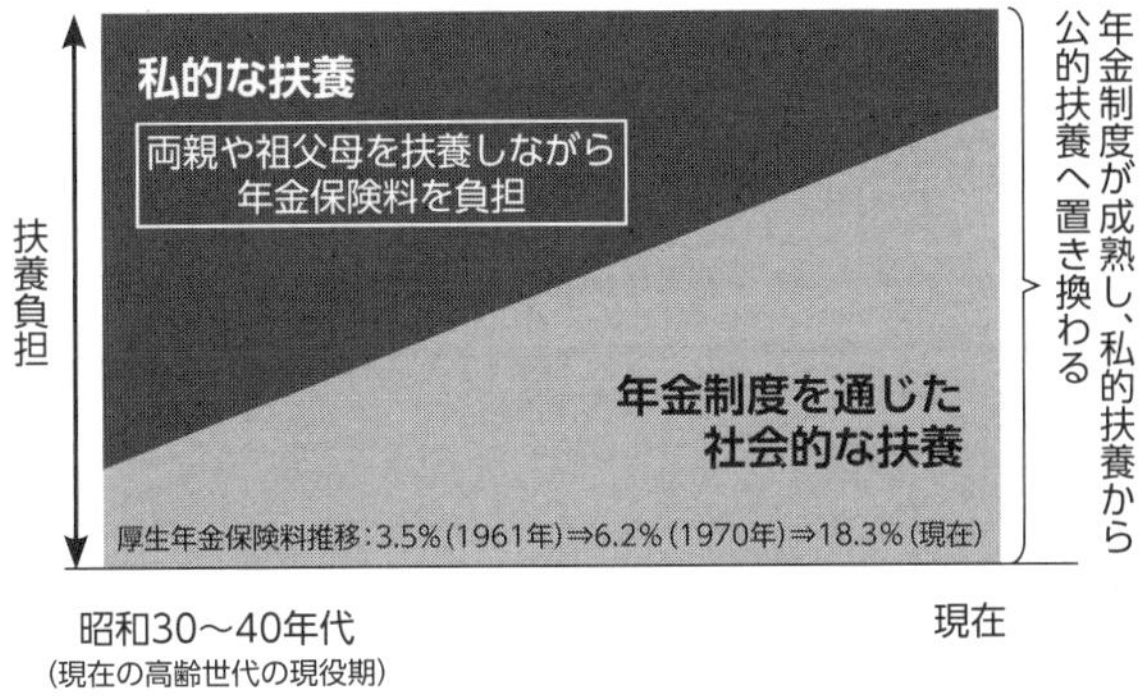

して国民全員が加入する国民年金制度ができたのが1961年でした。先ほど「たくさんもらって良いなぁ」と思われる76歳の人は当時16歳でした。当然彼らの親は公的年金には入っていませんから、現在70歳以上の人たちは親を養いながら、かつ年金保険料も払うという言わば二重の負担をしていたわけです。

図7の下半分が年金制度による社会的な扶養で、上半分は家族による私的な扶養です。すなわち現在の高齢者が現役であった昭和30～40年代はまだまだ私的な扶養のウエイトが高く、年金制度による〝共助〟はそれほど機能していませんでした。

厚生年金保険料は、始まった当初は給料の3・5%でしたが、現在は18・3%になっています。しかし二重の負担を強いることになる当時の若者（現在70歳以上の人）には公的年金の保険料をそんなに高く負担させることができなかったのです。

事実、65歳以上の人がいる世帯の内、三世代で同居している世帯の割合は1970年には44・4%でしたから、約半数近く、そして65歳以上で夫婦のみとか単身世帯は16・8%しかいなかったのです。ところが2010年になりますと、この数字は完全に逆転し、三世代同居世帯は16・4%と大幅に減少した反面、夫婦のみ・単身世帯は53・3%と半数を超えています。この数字を見ても昔はおじいちゃん、おばあちゃんの生活をお父さんが見ていたということがわかると思います。

したがって、公的年金の保険料の負担だけを見れば世代間による格差があるのは事実ですが、決してそれが世代間不公平にはなっていないのです。

20代の若者でも払い込んだ保険料の倍以上が受け取れる

再び図6に目を向けてみましょう。今26歳のサラリーマンであれば、生涯に自分が負担する保険料の金額は３４００万円、それに対して平均余命まで生きた場合に受け取る年金給付額の合計は７９００万円ですから、その割合は２・３倍になっていますね。自営業やフリーランスの場合は国民年金しかありませんからそれほどたくさんは受け取れませんが、それでも自分が負担した金額の１・５倍が受け取れるのです。

にもかかわらず、テレビなどではどうして若者が払い損みたいなグラフを作るのでしょうか？　一つ一つの番組を検証したわけではありませんし、そもそも根拠となる数字が示されていないケースも多いのでなぜそうなるのか、確かなことはわかりませんが、想像するのは自分が負担する保険料だけではなく、国や会社が負担する保険料も含めているのではないかという気がします。

サラリーマンであれば厚生年金の保険料は労使折半です。つまりみなさんが毎月の給料から天引きされている厚生年金保険料（給与明細に載っていますね）と同じ金額を会社も負担しています。また、国民年金の場合は半分が国庫負担なので税金でまかなわれています。

そういう部分まで全部入れて計算すると、あるいは負担した保険料よりも少ない年金しか給付されないというケースも出てくるかもしれませんが、直接自分が負担していない保険料まで加えて比較をするというのはフェアではありません。中には「会社が負担すると言ってもそのお金は社員が稼いだものなのだから、当然本人が出したという具合に考えないといけない」というやや無理なこじつけ的な論拠を展開する人もいますが、それは違います。年金に限らず、健康保険も雇用保険も社会保険料を企業が負担するというのは、企業としての義務であり、会社が儲かっていないから出せないという性格のものではありません。ボーナスのように「今期は赤字だったから出さない」というわけにはいかないのです。

本当は、年金を損得では考えるべきではないのですが、もし損得で言うのならやはり自分が負担した金額と自分が給付される金額で比較するのが妥当ではないでしょうか。

さらに言えば、図6で示した負担額と年金給付額は、それらを今後の賃金上昇率を用いて65歳時点の価格に換算し、さらにそれを物価上昇率を用いて平成26年時点（この試算が作られた時）の現在価値に割り引いて計算されたものですから、ほぼ現時点での価値になっています。実際に受け取る時の名目額はもっと高いものになっていると思います。

年金制度は多くの人が参加して支える仕組みですから、「誰が得だ」とか「損だ」といって世代間対立を煽るようなことは誰にとっても不幸なことだと思います。実際に数字のデータを見て判断することが大切ではないでしょうか。

（※1）　国立がん研究センター「がん情報サービス」
https://ganjoho.jp/reg_stat/statistics/stat/summary.html

3　年金は無駄遣いしているから破綻する

不祥事をきっかけに生まれた「ねんきん定期便」

「はじめに」でも触れましたが、年金にかかる不祥事はたくさんありました。特に旧社会保険庁（現・日本年金機構）時代に起きた「年金記録問題」は社会的にも大きな影響を与えました。

もっともあの事件がきっかけで「ねんきん特別便」が全ての加入者に送付され、その後も「ねんきん定期便」が毎年送られるようになりました。今では「ねんきんネット」でいつでも自分の公的年金の状況が把握できるようになったのは良かったと思います。決して厚生労働省や日本年金機構を弁護するつもりはありませんが、官公庁でも企業でもある程度大きな組織になってくると不祥事というのは起こる可能性が出てきます。大事なことはそうした不祥事を経て、どう業務を改善していくか、ということでしょう。

ところが、何かひとつ不祥事が起きると、マスコミもその報道を受けた一般の人も「一事が万事だろう」と言わんばかりに年金に対する不信を声高に言い立てます。もちろん不信感を抱くという気持ちはわかりますが、これでは心理学で言うヒューリスティック、すなわち印象で判断してしまって、大事なことを見失うことにもなりかねません。

不祥事が起こった時に大事なことは「なぜ、そういうことが起こったのか?」、そして「何が問題なのか?」を冷静に考えることです。

グリーンピア問題とは何だったのか?

年金の財源を使った失敗ということで言えば、かつて「グリーンピア問題」がありました。グリーンピアというのは1980年から88年にかけて全国13カ所に建設された大規模年金保養施設のことです。公的年金の被保険者や年金受給者が保養施設として利用できるようにするということを目的に作られたのですが、その後、経営不振となり、結局2005年度までに廃止することが、2001年に決定されました。これらの施設は引き続きリゾート施設として利用できるようにするため、それぞれの地元の地方公共団体などへ譲渡され、一部を除いては現在も営業が続いています。

これら13の施設については1893億円かけて作ったものが売却した時の金額がわずか48億円であったため、その損失は1845億円となり、さらに1893億円の内の金利や維持管理費をまかなうために1246億円の交付金が支払われたので合計3000億円の損だと騒がれたわけです。当時はニュースでも大きく取り上げられ、話題になりました。

したがって、「こんなとんでもない無駄遣いをしているのだから、年金はいずれ破綻するのではないか！」という声が出てくるのはやむを得ないかもしれません。

我々の感覚で言えば、3000億円などという金額は想像がつきません。一生かかっても全く縁のない金額ですから、「とんでもない！」と思うのは仕方ありません。たしかに我々の大切な年金積立金を3000億円も無駄に使ったのであれば、それはけしからんことです。でも、だからといってそれで年金が破綻するのかどうかは冷静に考えてみる必要があります。

パチンコで3千円負けた〝けしからん〟亭主

ここでは問題を年金財政という点に絞ってお話しします。グリーンピアが最終的に全て譲渡され、損失が発生した2005年当時の年金積立金はいくらぐらいあったのかというと、150兆円でした。

これを一般家庭の家計で考えてみましょう。仮に150万円の貯金を持っている家の亭主が、その貯金の中から勝手にお金を持ち出して儲けてやろうとパチンコに行った結果、3000円負けて帰ってきたとします。さて奥さんはどう言うでしょう？「あなた、何よ！　勝手にお金を持ち出して3000円も負けてきて、これは一体どういうこと！」といって怒られるかもしれません。いや間違いなく怒られるでしょう。

たしかにこれはけしからん話で、困った亭主であることは間違いありません。だからと言って、この家の家計は破綻するでしょうか？　そんなことはありません。今回3000円を無駄にしたからと言って、家計が破綻することはあり得ないのです。でも、今後も同じようにお金を持ち出してギャンブルに使ったら家計は破綻してしまうかもしれません。

今回の事件で奥さんが厳しくすべきことは、「家計が破綻する！」といってただ騒ぐのではなく、亭主の行動をきちんと監視し、今後は安易にお金を持ち出さないような仕組み作りをすることではないでしょうか。

もうおわかりだと思いますが、グリーンピアの問題はあくまでも積立金の活用に対するガバナンスの問題です。けしからんのは年金積立金がいくら巨額の資金であるからといって、安易な使い方をされたということなのです。だからといって、年金が破綻するという話ではありません。そのあたりのことを間違ってしまうと、問題の本質からそれてしまい、いつまで経ってもガバナンスが改善されないということになりかねません。決して感情的になるのではなく、冷静に問題点を指摘すべきだろうと思います。

それにグリーンピアを作るに当たっては、地域の活性化や雇用拡大が見込めることもあり、全国の地方自治体から誘致活動があったようです。恐らく政治家も積極的に動いたことでしょう。そもそも厚生労働省の役人の人たちは年金積立金がそんな使われ方をされることに抵抗したという話も聞いたことがあります。要は地域の人たちが積極的に望んだから作ったのに、運営がうまくいかないと所管の官庁が非難されるというのは、これに限らずどこでもありがちな構造です。いくら政治家や地元民が強く要望しても、厚生労働省はもっと頑強に抵抗すべきだったのでしょうが、まあ現実にはなかなか難しかったのではないでしょうか。

他にも接待の話だとか、公費でタクシーを使いまくっているとか、休憩所にマッサージ器を買ったということがよく話題になりました。税金の無駄遣いだからけしからんという話です。

もちろん不適切な支出は厳しくチェックする必要がありますし、ガバナンスのためのルール作りというのは大切なことであるのは言うまでもありません。それはきちんと検証しておおいにやるべきでしょう。

しかし、それらのことと年金財政の問題とは分けて考えるべきです。印象で判断することは避けるべきです。

4　年金の運用は赤字続き

マイナスばかり大きく取り上げられる

「年金の運用は損ばっかりしていて赤字続きだ！」、これも割とよく言われていることです。年金積立金の運用を行っているのは「年金積立金管理運用独立行政法人」というところです。これでは名前が長過ぎるので、英語の組織名「Government Pension Investment Fund」の頭文字を取ってＧＰＩＦと呼ばれています。本書でもＧＰＩＦという名称で統一したいと思います。

ＧＰＩＦは四半期ごとに運用状況を公表していますが、時期によっては株価の下落でマイナスになることもあります。直近では、２０１９年度の第４四半期（２０２０年１月～３月）の運用成績がマイナス10・７％、金額では17兆７０００億円程度のマイナスとなりました。この期間はコロナ禍によって、日米共に株価が35％程度下落しましたから、これは当然でしょう。こうして公表された数字をマスメディアは報道します。大事なことですから当然です。

ところが、マイナスの時もプラスの時もありますが、その取り扱いの大きさは明らかにマイナスの時の方が大きいのです。最近では新聞はあまりバイアスをかけず、公表された数字だけを淡々と報道するようになりましたが、テレビのワイドショーなどでは相変わらずマイナスになった時だけ、街ゆく人にインタビューしたりして、悪かった結果を煽ります。ここでも第1章でお話しした「悪いこと」を報道しがちなメディアの悪い面が出ていると言えます。

GPIFの運用は決して悪くない

では、GPIFの運用は一体どんな状況になっているのでしょうか。実際の数字をきちんと検証してみましょう。図8をご覧ください。このグラフは2001年度から2021年6月末までの、GPIFが運用する年金積立金の累積の収益額と収益率を表したものです。ＧＰＩＦのホームページ（※１）を開くと、誰でも見ることができます。この20年の間の累積収益額は１００・３兆円、収益率は年率にすると３・７％となっています。

いかがでしょう。ＧＰＩＦは過去20年間で１００兆円あまりの利益を挙げているのです。これでも「年金の運用は損ばっかりしていて赤字続きだ！」と思いますか？

図８の折れ線グラフはＧＰＩＦが運用を開始して以降の累積収益額の推移です。年によってプラスやマイナスの時はありますが、これを見る限り着実に増加しています。年間の収益率で一番マイナスが大きかったのは２００８年度の９兆３４８１億円です。この年はリーマンショックがありました。次に大きなマイナスだったのは２０１９年度の８兆２８３１億円です。

逆にプラスが大きかったのは２０１４年度の15兆２９２２億円、２０１２年度の11兆２２２２億円等です。そして一番最近の２０２０年度は、37兆７９８６億円のプラスになっていますので、一期の収益としては史上最高の収益です。

しかし一般の人から見るとこんなに10兆円も20兆円も収益がブレるというのは不安に

図8　2001年度～21年度第1四半期の累積収益額

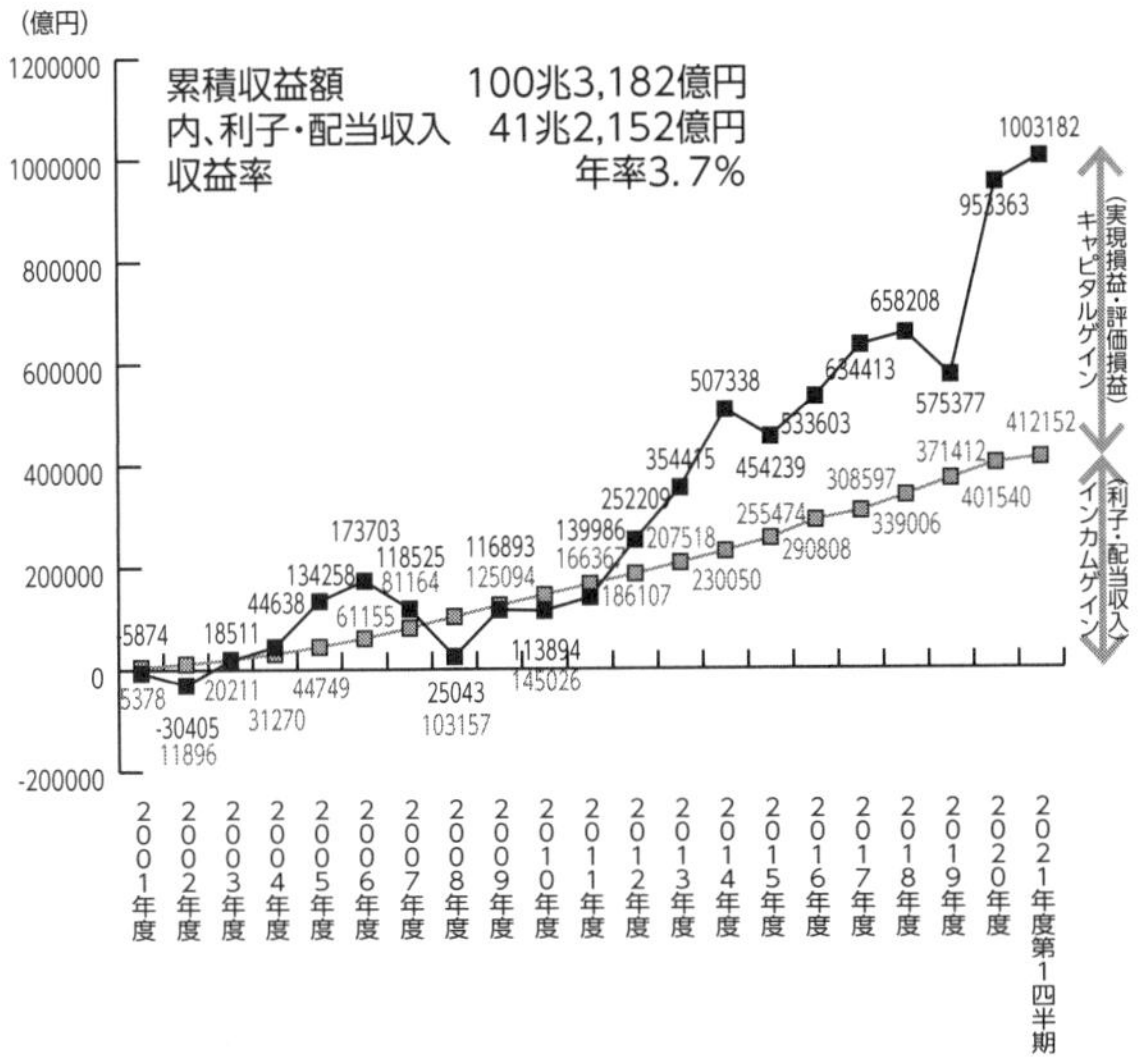

年金積立金全体の運用実績

（単位%）

		2001年度	2002年度	2003年度	2004年度	2005年度	2006年度	2007年度	2008年度	2009年度	2010年度
実績	名目運用利回り	1.94	0.17	4.90	2.73	6.83	3.10	-3.53	-6.86	7.54	-0.26
	名目賃金上昇率	-0.27	-1.15	-0.27	-0.20	-0.17	0.01	-0.07	-0.26	-4.06	0.68
	実質的な運用利回り	2.22	1.34	5.18	2.94	7.01	3.09	-3.46	-6.62	12.09	-0.93

		2011年度	2012年度	2013年度	2014年度	2015年度	2016年度	2017年度	2018年度	2019年度	2020年度	20年間（年率）
実績	名目運用利回り	2.17	9.56	8.23	11.62	-3.64	5.48	6.52	1.43	-5.00	23.98	3.64
	名目賃金上昇率	-0.21	0.21	0.13	0.99	0.50	0.03	0.41	0.95	0.70	-0.51	-0.13
	実質的な運用利回り	2.39	9.33	8.09	10.53	-4.12	5.45	6.09	0.48	-5.66	24.62	3.78

感じるかもしれません。「何か投機的な運用をしているんじゃないか?」と思う人もいるでしょう。では、GPIFの運用とは実際にどうやっているのかを見てみましょう。

GPIFは運用していない?

投資の経験がない人が「投資」とか「資産運用」という言葉を聞くとどんなイメージを思い浮かべるでしょう。おそらく「机の上にいくつかのディスプレイモニターを並べて画面に映し出された価格の動きをチェックしながら、忙しくキーボードを叩いて売り買いの指示を出す」というイメージではないでしょうか。もし運用がそういうものだとイメージしているのであれば、GPIFは運用などしていません。

たしかにこうしたイメージのようなやり方も運用方法のひとつではありますが、それはどちらかというと「トレーディング」と言われる手法です。そしてトレーディングというのは非常に短期での資産運用の方法なのです。

一方、年金運用というのは何十年も、場合によっては何百年も続く運用ですから、そんな短期的な売買での運用をやってもしかたありません。では、ＧＰＩＦはどのような運用をしているのでしょうか。

ＧＰＩＦのホームページを見ると、年金積立金の運用に関して「長期的な観点からの基本ポートフォリオ策定」と題して以下のようなコメントが掲載されています。

「長期的な運用においては、短期的な市場の動向により資産構成割合を変更するよりも、基本となる資産構成割合を決めて長期間維持していくほうが、効率的で良い結果をもたらすことが知られています。このため、公的年金運用では、各資産の期待収益率やリスクなどを考慮したうえで、積立金の基本となる資産構成割合（基本ポートフォリオ）を定めています」(https://www.gpif.go.jp/gpif/portfolio.html)

わかりやすく表現すれば、「相場の短期的な変動によって銘柄を売買するのではなく各資産のカテゴリーごとに投資する割合を決めておいて、それを長期に保有する」ということです。

積立投資の経験のある人ならわかると思いますが、これは長期に資産運用をする場合の最も基本的なやり方です。あらかじめ資産配分の割合を決めておき、それに沿ってそ

図9　GPIFによる年金積立金の運用割合

～2015年3月

	国内債券	国内株式	外国債券	外国株式	短期資産
資産構成割合	60%	12%	11%	12%	5%
乖離許容幅	±8%	±6%	±5%	±5%	—

2014年10月～

	国内債券	国内株式	外国債券	外国株式
資産構成割合	35%	25%	15%	25%
乖離許容幅	±10%	±9%	±4%	±8%

2020年4月～

<table>
<tr><td></td><td></td><td>国内債券</td><td>外国債券</td><td>国内株式</td><td>外国株式</td></tr>
<tr><td colspan="2">資産構成割合</td><td>25%</td><td>25%</td><td>25%</td><td>25%</td></tr>
<tr><td rowspan="2">乖離許容幅</td><td>各資産</td><td>±7%</td><td>±6%</td><td>±8%</td><td>±7%</td></tr>
<tr><td>債券・株式</td><td colspan="2">±11%</td><td colspan="2">±11%</td></tr>
</table>

れぞれの資産カテゴリーごとの代表的な指標に連動するように投資を行い、定期的にその内容をチェックして見直しをするというものです。図9をご覧ください。これは各資産カテゴリーごとの割合を表にしたものですが、今までにもその割合は変更されています。

年金積立金は長い間、国債を中心とした国内債券で6割運用してきましたが、その割合は次第に見直され、現在は4つの基本カテゴリーに25%ずつ分散するというポートフォリオになっています。

おそらく多くの議論を経てこのようになってきたのだと思いますが、昨今のようなマイナス金利の時代になると債券の割合を減らし、かつグローバルな分散投資が可能となるよう、一定割合の外国株式にも投資をするというのはごく常識的なやり方だろうと思います。

GPIFは効率的な組織

したがって、年金積立金の運用は決して博打のようなものではありません。これは投資の世界では「インデックス運用」と言われているものですが、このやり方であれば手間もかからず、運用に携わる人員だって少なくて済みます。実際にインデックス運用であれば、運用委託先に任せておき、チェックするだけで十分だからです。

諸外国の公的年金と比べてみるとよくわかります（※2）。たとえば米国の「カリフォルニア州職員退職制度」である「カルパース」は運用資産が約30兆円ですが、職員の数は270名、カナダの公的年金は約20兆円の資金規模で職員数は1000名、優れた制度であるという評価を受けているオランダの公務員職域年金も資金規模は44兆円なのに職員数は650名もいます。日本のGPIFは資金規模が177兆円と最大ですが、職員数は147名です。これは前述したような方針で恣意的な運用をしていないからこそ、これだけの資産規模の年金積立金をこれだけの人数で管理し、かつ100兆円を超える収益が生み出せているのです。

年金積立金の本質をもう一度考えてみよう

メディアは運用成績がマイナスになるとすぐに大きく取り上げて不安を煽る報道をすると述べましたが、そもそも運用成績がマイナスだからと言って「損をした」というわけでもありませんし、その期間の運用成績が良かったからと言って「儲かった」というわけでもありません。どちらも単に評価損や評価益であって、実現した損失や利益ではないのです。

それにもし、かつてのリーマンショックのような世界的な下落があったとしても特定の銘柄や市場に集中して運用しているわけではなく、グローバルに資産分散をしていますからしばらく時間はかかったとしてもそれを乗り越えて資産は拡大していくでしょう。資本主義は自己増殖します。世界で人口が増え続け、経済がどこかの地域で成長を続ける限り、株式市場は短期的な変動を乗り越えても上昇すると考えられるからです。

さらに万が一、そうではなくても、つまり年金積立金が大きな運用失敗によって半分に減ってしまったとしても（現実には今のやり方を続ける限り、そんなことはあり得ませんが）それで年金給付が行われなくなることはありません。本章の1でもお話ししたように年金積立金はあくまでもバッファー、調整弁であり、積立金だけを年金給付の原資にしているわけではないからです。積立金がほとんどない欧州の国々を見ても問題なく年金支給が行われていることからもそれはわかると思います。

いいかげんな報道に惑わされるのではなく、ぜひご自身できちんと一次情報である数字を確認していただきたいと思います。

（※1）　ＧＰＩＦ　https://www.gpif.go.jp/
（※2）　諸外国の年金基金のガバナンスについて（厚生労働省資料）

https://www.mhlw.go.jp/file/05-Shingikai-12601000-Seisakutoukatsukan-Sanjikanshitsu_Shakaihoshoutantou/0000064551.pdf

5　未納者が4割もいるから年金は破綻する

物議を醸した未納問題

一時、年金保険料の未納問題が大きく取り上げられました。国民年金保険料の納付率が下がったことを受け、2003年に国民年金特別対策本部が設置され、収納対策として女優を起用してテレビCM等で積極的に宣伝したものの、翌年にその女優さん自身が国民年金に入っておらず、保険料を払っていなかったことで物議を醸しました。

さらにその翌年には政治家の中に年金保険料を払っていなかった人たちが続出しました。当時の与野党の党首や幹部をはじめ、ほぼ全ての政党の議員の中に過去、未納だった人たちがいたことで、マスメディアでも大きく取り上げられたのです。自民党の主要ポストに居た人が未納だったことから、当時流行していたヒット曲「だんご三兄弟」にちなんで「未納三兄弟」と強く揶揄されたものの、それを指弾した野党党首自身も未納期間があったことが判明し、メディアの強いトーンの報道もあって国民の間には不信感が芽生えたことは事実です。

そこで、年金未納者が増えると年金は破綻するのではないかという疑念が出てきたのです。しかしながら、保険料の未納の割合や未納が増えると財政にどう影響を与えるかという観点で、これを詳しく検証してみると、一般的に言われていることとは異なる図式が浮かび上がってきます。

「未納率4割」は何の4割なのか？

そもそも未納率が4割って一体何の4割なのでしょうか？　マスメディアはその辺には触れませんので、この言葉だけを聞くと日本国民の4割が年金保険料を払っていないのか？と思う人が多いかもしれません。でもよく考えてみてください。日本で働いている人の内の約9割は雇用者、すなわちサラリーマンなのです（※1）。

サラリーマンの場合、民間であれ公務員であれ、全員が厚生年金に加入しており、その保険料は給料から天引きされています。サラリーマンの配偶者で働いていない専業主婦（夫）も配偶者が払っている保険料で将来、年金の給付が受けられますから未納にはなりません。すなわち日本人で年金保険料を納める必要がある人の内の9割は、まず未納になることはないのです。

だとすれば「4割」という数字はどこから出てきたのでしょうか。厚生労働省が令和2（2020）年6月29日に発表した資料（※2）に「国民年金保険料の納付率推移」が出てきますが、それによればこの20年ほどの間で最も納付率が低かったのは平成23（2011）年の58・6％です。したがって、100からこの58・6％を引いた41・4％が未納ということで4割が未納という表現が使われたのです。

ところが、ここに大きな勘違いが2つあります。ひとつはこの4割というのは4割の人が一銭も納めていないということではなく、「納付対象月数、すなわち納めなければならない月数に対して実際に納めた月数の割合」を示しているのです。サラリーマンの場合は否応なしに給与天引きですから未納になることはありませんが、自営業者の場合は自分で納めなければなりません。納付方法は色々ありますが、国から送付される納付書で保険料を納める場合、忘れてしまうことだってあるでしょう。結果として未納者が4割なのではなくて未納月数が4割というのが正しい認識なのです。

さらにもう一つの勘違いは、前述したように未納になっているのは全ての国民が対象ではないということです。

本当の未納率ってどれくらい？

では、本当の未納率って一体どれくらいなのでしょう？　前述のようにサラリーマンの厚生年金は未納になっていません。厚生年金の中に含まれる基礎年金（国民年金部分）も同様です。ということは未納になる可能性があるのは自営業やフリーランス、無職といった「1号被保険者」の人たちだけです。

図10をご覧ください。日本の公的年金の加入者数は6759万人です。このうち、1号被保険者は1453万人います。この人たちの内、きちんと納めている人の数は746万人です。「なんだ、じゃあやっぱり半分ぐらいは未納なんじゃないか！」と思われ

図10　日本の公的年金加入者の内訳

公的年金加入者(A)	内、第１号被保険者	納付者	免除者・特例猶予者	未納者(B)	未納者率B÷A
6,759万人	1,453万人	746万人	583万人	125万人	1.85%

るかもしれませんが、納めていない人が全部未納というわけではありません。たとえば生活が苦しくて保険料が払えない、地震や津波等の激甚災害で財産の多くをなくしてしまい、今は保険料が払えない、あるいは学生で余裕がない、といった人は申請をすれば保険料の払い込みが免除されたり、納付猶予の制度を受けられたりすることができます。そういう人の数が583万人います。

　したがって、払える余裕があるにもかかわらず払っていない人、すなわち確信犯的に払っていない人の数は1453万人（納付対象者）―746万人（納付者）―58

3万人（免除・猶予者）＝125万人ということになります。

だとすれば公的年金加入者全体の6759万人の内、125万人ですから本当の未納率は「1・85％」ということになります。40％が未納なのではなく、2％弱が未納ということなのです。

「4割が未納」と聞かされると「年金って大丈夫か？　破綻するんじゃないの？」と思うでしょうが、1・85％であれば、そう考える人は少ないでしょう。

最初に例を挙げた「納付率」は平成23年で58・6％でしたが、直近、令和元年度の数字では76・3％と8年連続で上昇してきています。

これについては「それは払えない人や払わない人を意図的に免除・猶予者へ誘導しているだけで、実態は変わっていないじゃないか！　むしろ実態を隠そうとしているのではないか」という人もいます。

たしかにそういう傾向はあるでしょう。かつて官邸で行われた社会保障国民会議において、未納対策として「低所得者に対する免除適用への徹底」が話し合われています（※3）。しかしながら、これについても全体の比率で言えばせいぜい数％程度のものでしょう。それに、そもそも未納者が増えることで年金財政が大きく悪化するということではないのです。その理由はどうしてなのでしょうか。

保険料を払わない人は損をする

未納になっている可能性のある1号被保険者の人たちが加入しているのは国民年金です。国民年金に関して言えば2分の1が国庫負担とされています。国庫負担、すなわち税金です。年金のような社会保険制度は保険料を払った人だけが、給付を受ける権利を持っています。これを図で簡単に表すと図11のようになります。

この図のように、決められた期間、年金の保険料を払った人は将来、年金を全額受給することができます。ところが、決められた期間、年金の保険料を払わなかった人には年金は一銭も支給されません。

前述のように国民年金の給付の原資は、その半分が税金です。つまり間接的にではありますが、我々が払っている税金の中から支給されているわけです。年金保険料が未納

図11　年金保険料を払った人と払わなかった人

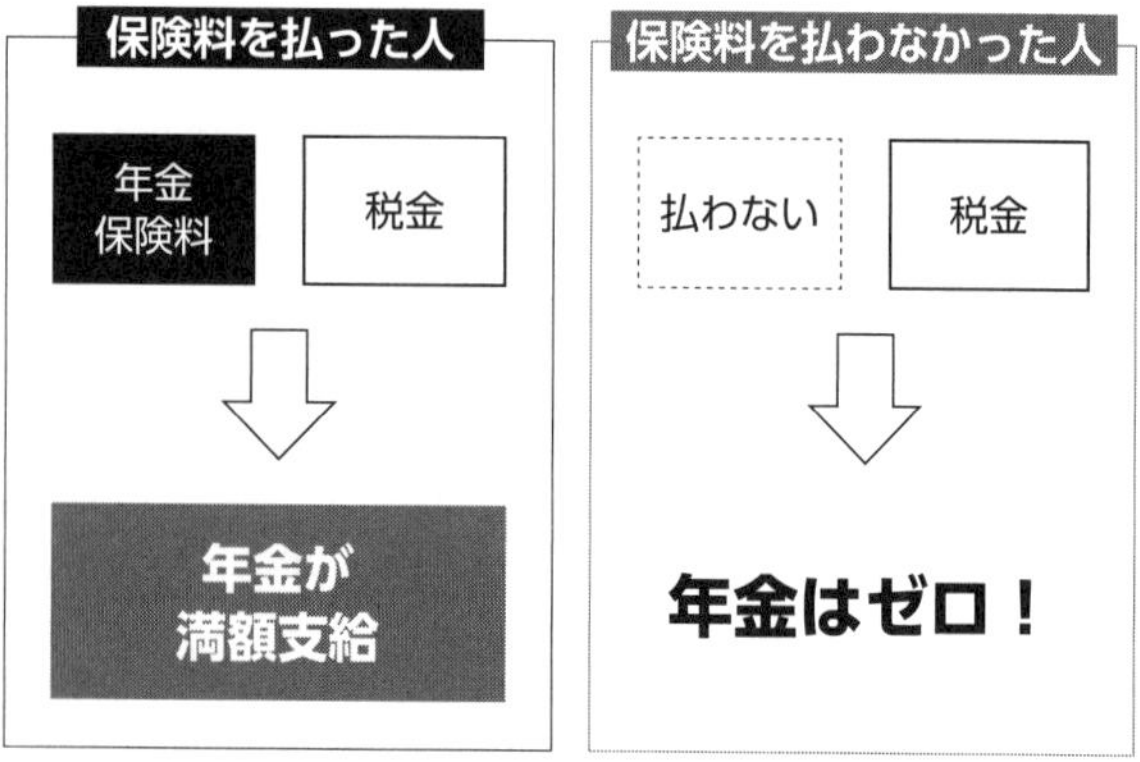

の人が125万人いると言いますが、その人たちは年金保険料は払っていなくても、税金は払っているでしょう。税金を払わなければ脱税ですから。ところが決められた期間（10年間）、年金保険料を払わなければ年金は一銭も支給されないということでしたね。ということは、保険料を払わなかった人は自分が払った税金分からの給付まで受け取れないことになります。

「それはひどいじゃないか、私は税金をちゃんと払っているのだから、せめて年金の半分はくれよ！」と言ってもダメです。社会保険制度というものは「一定期間、保険料を納めること」によって給付の資格を得るというのがルールになっているからです。したがって、保険料を払わない人は自分が払った税金の分まで損をすることになります。

未納者が増えるというのは社会制度としてはあまり良いことではありませんが、だからと言って年金財政が悪化するということにはなりません。何せ払わなかった人には年金を支給しないわけですから。

とはいえ、やはり年金のような社会制度はできるだけ多くの人が参加して制度を支えることが大切だと思います。特に私は「4割が保険料未納だ」というマスメディアのミスリードはとてもけしからんことだと思っています。なぜなら、こういうからくりを何も知らされないまま、「4割もの人が保険料を払っていないのなら、自分も払わなくてもいいいや。そのうち何とかなるだろう」と思って年金保険料を払わない人が増えてくることで、悲惨な老後をおくることになるかもしれない人を増やすことになるからです。

サラリーマンの人は決して未納になることはありませんから心配はありませんが、自営業やフリーランスの人で年金保険料を払っていない人は、今からでも遅くないのできちんと納めるべきだと思います。

※1　労働力調査（総務省統計局）就業者に占める雇用者の割合

https://www.stat.go.jp/data/roudou/sokuhou/nen/ft/pdf/index1.pdf

※2　令和元年度の国民年金の加入・保険料納付状況について

https://www.nenkin.go.jp/info/johokokai/uneihyogikai/41.files/03.pdf

※3　第5回 所得確保・保障（雇用・年金）分科会（官邸）「未納・未加入対策について」

https://www.kantei.go.jp/jp/singi/syakaihosyoukokuminkaigi/kaisai/syotoku/dai05/05siryou2_1.pdf

第3章 年金に対する誤解を解く――中・上級編

1　少子高齢化が進むので年金は崩壊する

ありがちな図

今までは公的年金に関する基本的な勘違いについて述べてきましたが、ここからは少し難しい中・上級編になります。ここで取り上げる内容の多くは、識者と言われている人たちが指摘していることも多く、一般の人や一部のファイナンシャルプランナーの人にとっては、ちょっとわかりにくい、あるいはどこが間違っているのかがわかりづらく、反証するのが難しい内容かもしれません。

しかしながら、ここでもさまざまなデータを使って一般に言われていることが事実かどうかを検証し、誤解を解いていきますので、どうぞご安心ください。

まずは図12をご覧ください。これは色んなところで載っている図です。「日本は少子高齢化が進む社会なので、かつては多くの現役世代でお年寄りを支える『お神輿型』で

図12　高齢社会における一般的な年金のイメージ

図13　65歳以上1人に対して65歳未満が何人いるか

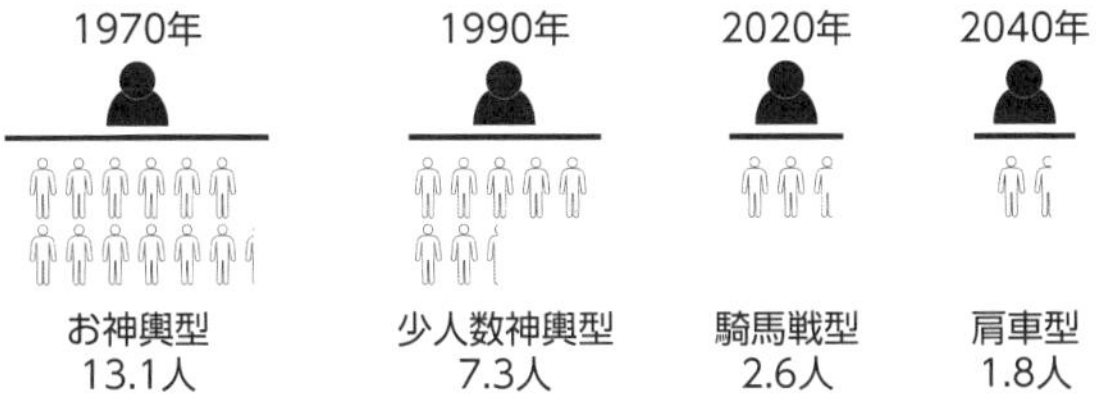

・国立社会保障・人口問題研究所（但し2020年は2018年データを使用）
http://www.ipss.go.jp/syoushika/tohkei/Popular/Popular2020.asp?chap=0

したが、今は３人で１人を支える『騎馬戦型』、そして将来は１人で１人を支える『肩車型』に確実に変化していきます。今のままでは将来世代はこの負担に耐えられません」という論旨の展開は至る所で述べられています。２０１２年には当時、民主党の野田首相も１月の施政方針演説でこの趣旨のことを述べておられました。

この話は実に説得力があるように思えます。なぜなら「少子高齢化」というのは今の日本の社会情勢を最もよくあらわすキーワードなので、このロジックでの話を聞くと誰もが納得するからです。「そりゃそうだよね。少子高齢化が進むから年金制度は持たないよね」というのが多くの人の感想でしょう。ある意味、これが年金不安を煽るには最も効果的なロジックだろうと思います。

では実際の数字を調べてみましょう。図13に、65歳以上（高齢者と称します）1人に対して65歳未満（若者と称します）が何人いるかを見てみると1970年、今から約50年前には高齢者1人に対して若者は13・1人でしたから、まさにお神輿型と言えます。これが1990年になると1人に対して7・3人ですから、少人数神輿型、そして現在2020年は2・6人ですからいよいよ騎馬戦型になってきました。そして20年後の2040年には1・8人ですから、まさに肩車型と言っても良いでしょう。

「ほら、やっぱり年金の将来は明るくないよ。制度は持つわけがない！」、この数字だけを見るとそう思うでしょう。ところが、これはもう少し深く考える必要があります。

「働いている人」と「働いてない人」で見ると……

今までご覧いただいていたのは65歳以上か65歳未満かという単に年齢で切っただけの

図14　1人の就業者が何人の非就業者を養っているか

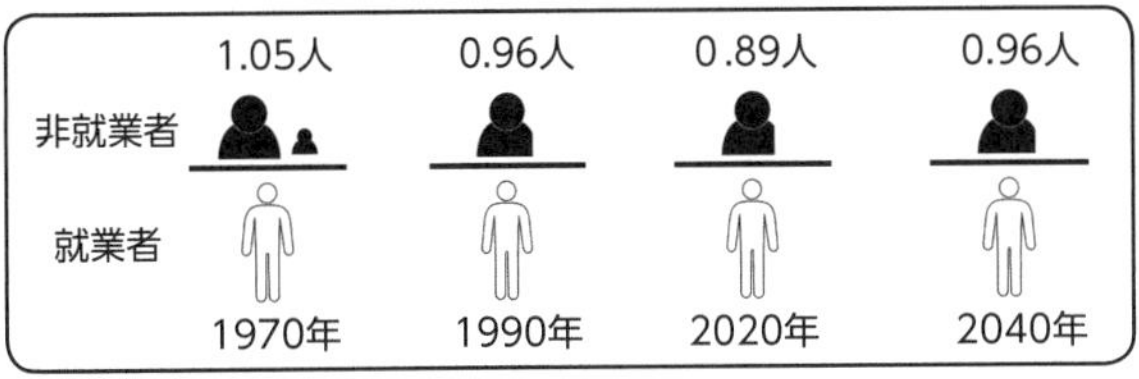

※下記データを元に株式会社オフィス・リベルタスが作成
・就業者数は、総務省統計局　労働力調査
https://www.stat.go.jp/data/roudou/longtime/03roudou.html
・人口は、国立社会保障・人口問題研究所（但し2020年は2019年データを使用）
http://www.ipss.go.jp/syoushika/tohkei/Popular/Popular2020.asp?chap=0
・2040年の就業者数予測は、労働政策研究・研修機構「労働力需給の推計―労働力需給モデル（2018年度版）による将来推計」より
https://www.jil.go.jp/institute/siryo/2019/209.html
・2040年の人口予測は、国立社会保障・人口問題研究所「日本の将来推計人口（平成29年推計）」より
http://www.ipss.go.jp/pp-zenkoku/j/zenkoku2017/pp29_gaiyou.pdf

数字なのです。でも、そういう切り方は果たして正しいのでしょうか？

　年金のような社会保険制度は現役で働いている人が保険料を負担します。年齢に関係なく働いていれば保険料は負担しますし、逆に働いていなければ年齢が若くても保険料は払えません。

　そういう観点で考えると、単に年齢で切り分けて、その比率を比べるのではなく「働いている人が働いていない人を養っている割合がどれぐらいか」で考えるべきです。つまり1人の就業者（働いている人）が何人の非就業者（働いていない人）を支えているか、を見ることが大切なのです。そういう観点で実際の数字を調べて見ると全く違う風景が見えてきます。

図14をご覧ください。これは慶應義塾大学の権丈善一教授の著書『ちょっと気になる社会保障』（勁草書房）の4ページに出てくる図をベースにして私が作成したものです。今から5年程前に権丈先生が作られた図を見て、まさに「目からうろこ」の思いでした。そこで、私も実際に一次情報のデータを元にして自分で計算してみたのがこの図14です。

1人の働いている人が何人の働いていない人を支えているかを示しています。

現在、2020年では1人が0・89人を支えています。30年前の1990年には1人で0・96人、そして半世紀前の1970年の時は1人が1・05人という数字になっています。なんとお神輿型と言われていた1970年よりも今の方が高齢者の数は増えているにもかかわらず、支えている人数自体はわずかですが、減っているのです。

さらに20年後を見てもその数字は0・96人ですからほとんど変わりません。20年後の2040年というのは少子高齢化がピークを迎える頃と言われていますが、その頃でも今とほとんど同じなのです。つまり、「何人の働いている人が、何人の働いていない人を支えているか」という観点で見ると、昔からこの数字はほとんど変わっていないし、今後もほとんど変わらないということがわかります。

これを読んでいるみなさんはなんだかキツネにつままれたみたいな印象をお持ちではありませんか？　そうですよね、では次になぜ、こうなるのかを説明します。

働き方が変化してきている

対比をわかりやすくするためにお神輿型と言われる1970年と比べてみましょう。当時のサラリーマンの定年年齢は何歳だったかご存じですか？　会社によって違いますが、その頃は55歳定年というところが普通でした。

法律で60歳未満の定年を禁止したのは1998年の「高年齢者雇用安定法」の改正によってですから、それまでは55歳定年という会社が多かったのでしょう。私も1974年に社会人になりましたが、当時の定年は55歳でした。かつ当時の平均寿命は男性が69歳です。すなわち定年後の余生は14年でした。

ところが現在の定年年齢は60歳というところが多く、かつ男性の平均寿命は81歳です

図15　専業主婦世帯と共働き世帯

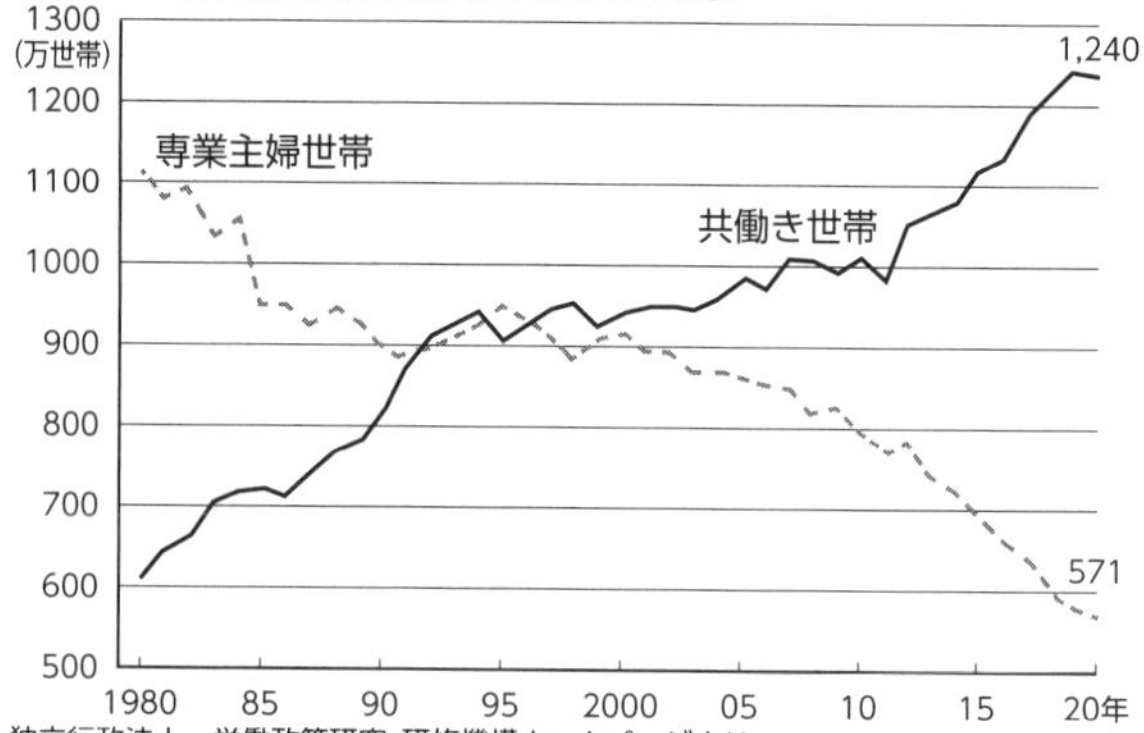

独立行政法人　労働政策研究・研修機構ホームページより
https://www.jil.go.jp/kokunai/statistics/timeseries/html/g0212.html
元データの出所：総務省「労働力調査特別調査」、「労働力調査（詳細集計）」

から定年後の余生は21年と大きく延びています。言うまでもなく60歳で定年を迎えた後も働いている人は増えています。多くの会社では60歳の定年後も再雇用制度等がありますから、働き続けている人は多いのです。令和元年度の「高齢社会白書」によれば、60歳～64歳までの間で働いている人の割合は男性で約81%、65歳～69歳は57・２%、そして70～74歳でも38・１%の人が働いています（※１）

　これらの人たちが労働人口に占める割合は増えつつあります。１９７０年当時、労働人口に占める65歳以上の割合は４・５%でしたが、現在は13%近い数字に上昇してきています。

つまり働く高齢者は当時と同じ年齢では比較にならないぐらい増えたのです。同様に働く女性の数が増えたことも著しい特徴です。図15を見ると、１９８０年では専業主婦家庭が１１１４万世帯だったのが、２０２０年には５７１万世帯と半減しています。逆に共働き家庭は６１４万世帯から１２４０万世帯へと倍増です。このように就業者が増加し、保険料を負担する人数が増えていることで、そのバランスは50年前から20年後に至るまでほとんど変わっていないことがわかります。単に年齢だけで切って「お神輿」だの「肩車」だのと言ってもあまり意味がないことがおわかりいただけたでしょう。

この流れは今後も続いていきます。現実に２０２１年の4月からは「70歳までの就労機会の提供」が企業に対して努力義務として求められるようになりました。平均寿命の伸長を考えると、65歳定年、そして70歳まで働くのは当たり前という時代になりつつあるのです。

したがって「少子高齢化が進むから」という理由だけで「年金は崩壊する」わけではありません。

たしかに1970年当時から考えると少子高齢化はかなり進んでいるものの、その間、さまざまな制度の見直しを行ってきたことでそうした時代に十分耐えうるような改革が行われてきているのです（その辺りの改革の詳細は第4章でお話しします）。

結果として少子高齢化がピークを迎えるとされる2040年でも現在とほとんど変わらない状況が続く可能性は高いと思います。実態を無視した、数字の根拠のない年金破綻論はあまり意味がないと言って良いでしょう。

（※1）　令和元年版　「高齢社会白書」

https://www8.cao.go.jp/kourei/whitepaper/w-2019/html/zenbun/s1_2_1.html

2　年金は賦課方式よりも積立方式にすべきだ

賦課方式と積立方式とは？

この話題もよく出てきますが、これも実は大きな勘違いに基づくものなのです。こういった主張をする人は大学の先生や新聞の論説委員といったインテリの人に多いのですが、実際に企業にお勤めで企業年金の現場でお仕事をされている人などからすれば、これからお話しすることはよく理解していただけるのではないかと思います。

そもそも賦課方式とか積立方式というのはどういうことでしょうか。図16をご覧ください。日本の公的年金は図の左にある「賦課方式」で運営されています。これは、ごく簡単に言えば「現役世代が拠出した保険料を現在の受給者に給付する」やり方です。そしてこの方法は日本だけでなく、先進国のほとんどが採用しているやり方なのです。

一方、図の右側にある積立方式というのは「保険料を積み立てて運用し、将来の受給

図16　賦課方式と積立方式

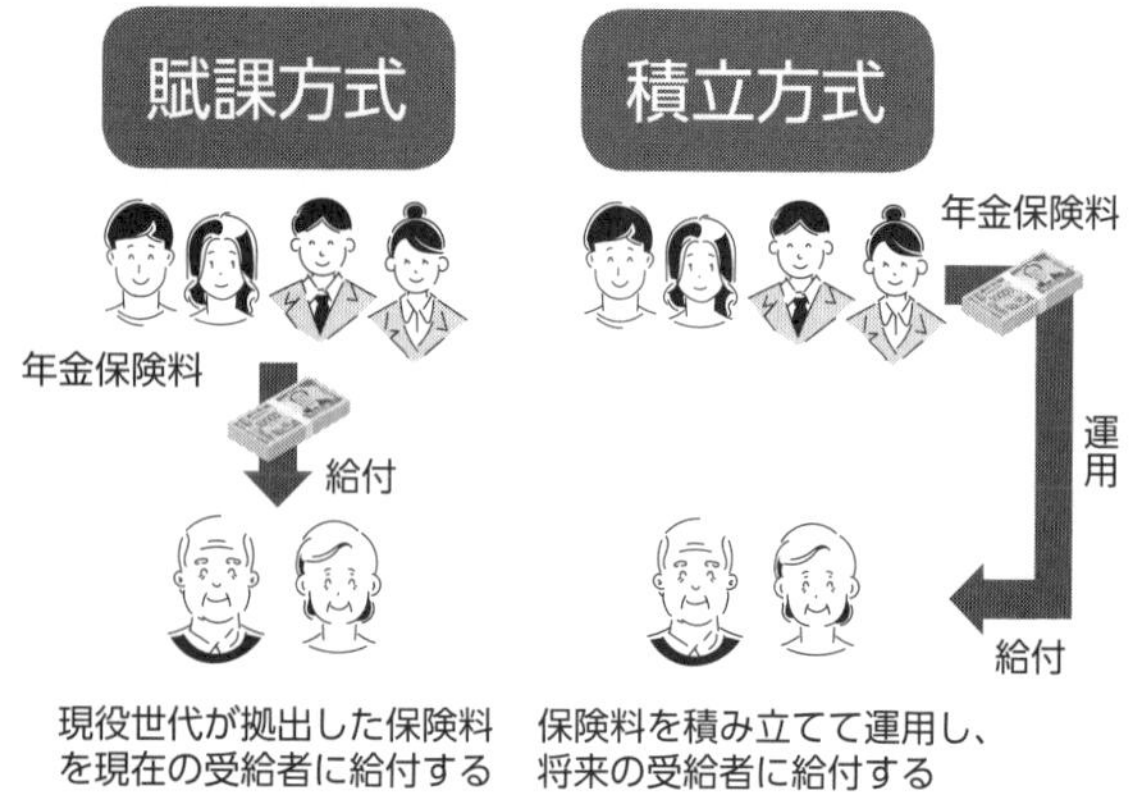
賦課方式
年金保険料
給付
現役世代が拠出した保険料を現在の受給者に給付する
積立方式
年金保険料
運用
給付
保険料を積み立てて運用し、将来の受給者に給付する

者に給付する」というやり方です。一般の人の中には日本の公的年金が「賦課方式」で運営されているということを知らないで、「自分が払い込んだ保険料は国が預かっていてくれて、それが老後に支給される」と思っている人もいます。言わば、それが「積立方式」なのです。

しかし、実際にそんな方式で運営されている国はほとんどありません。人口の少ない国か、制度全体のごく一部のみです。

ところが年金をはじめとする社会保険制度には詳しくないけれど経済や金融の知識の豊富な人にかぎって、「年金は賦課方式ではなく、積立方式で運営すべきだ」というのです。彼らがなぜそう考えるのかと言うと、その最大の理由が「少子高齢化になれば若い人の人数が減るのだから、現役世代が高齢世代を支える賦課方式は成り立たなくなる」ということです。

前節を読んだ方は、少子高齢化が極端に年金制度に影響を与えるわけではないということはおわかりいただけたのではないかと思います。それに、仮に少子高齢化が影響を与えるとしてもそれは賦課方式だけではなく、積立方式にも影響が出てくるのです。これについてはちょっと難しいのでこの節の最後にお話しします。そもそも社会保険制度としての年金の運営において、積立方式には決定的な問題点が3つあります。

積立方式の持つ問題点とは？

まずひとつ目の問題点です。これはごくシンプルな話ですが、「寿命がいつまでなのかは誰にもわからない」ということです。

現役世代が払い込む保険料で年金の給付をまかなうのであれば、どれだけ平均寿命が延びても、若い世代がみんないなくならない限り、年金の支給は可能です。

ところが積立方式の場合、それまでに積み立てた金額とそれを運用して得た収益の範囲内でしか年金を支給することはできません。だとすれば、想定外に平均寿命が延びると、年金を支給する原資が枯渇してしまうという懸念も出てきます。加えてさきほど「積み立てた金額とそれを運用して得た収益」と表現しましたが、運用で必ず収益が出るとは限りません。場合によってはマイナスになることもあるでしょう。

現在、「賦課方式」なのでGPIFが運用している年金積立金は、前述したように、年金給付の原資というわけではなく、あくまでもバッファー、すなわち調整弁です。したがって少々損失が出たとしても制度運営にはあまり影響はありませんが、もしそれ自体が年金給付の原資となってしまうと、これはかなり運用のリスクを負いかねないということになります。

この運用のリスクがふたつ目の問題点です。

現在、年金の保険料は毎年37兆〜38兆円ぐらいのお金が入ってきています。今は「賦課方式」ですから、このほぼ全てを毎年の年金受給者に年金として支払っていますが、もし「積立方式」にしたら、この金額は毎年積み上がっていくことになります。現在のように20歳で公的年金に加入し、65歳から年金を受給し始めるということであれば、少なくとも40年分ぐらいの金額をプールしておかないと年金受給者への給付ができないということになります。

仮に38兆円の40年分ということだと、その合計額は１５２０兆円になります。なんと日本のＧＤＰのほぼ３倍です。世界最大の機関投資家と言われているＧＰＩＦですら運用している資金は１７０兆円ですから、その10倍近いお金を運用することになります。

２０２１年３月の時点での世界の株式市場の時価総額は62・３兆ドルです。１ドル＝１０９円で計算すると約６８００兆円。その規模の市場で１５２０兆円の年金資金の運用をするわけです。

よくＧＰＩＦが「池の中の鯨」と揶揄されることがありますが、これは１７０兆円もの莫大な資金量でマーケットに入ってくると狭い池の中で鯨が暴れているようなもので身動きが取れなくなるという意味です。１７０兆円ですらそうなのですから、ましてや１５２０兆円もあれば、鯨どころかシンゴジラみたいなもので、図体は大きいものの動きはとても鈍重となり、世界中の獰猛なヘッジファンドや機関投資家からはきっとカモにされることになるでしょう。マーケットの常識を知っていれば1500兆円あまりものお金を動かすというのは全く現実的でないというのはすぐわかります。

これだけの巨額の資金を運用リスクにさらすというのはあまりにも無謀です。では、無リスクの国債で運用すれば？と言うかもしれませんが、将来はインフレになるリスクだってあります。

それに、そもそも巨額の国債発行残高を持つ我が国ですら令和3年度の国債発行残高は990兆円です。1500兆円もの資金をどこでどう運用するのか？　しかもその資金は現在の年金積立金と違って年金支給の原資となるわけですから、まず現実にはあり得ない話だと考えるべきでしょう。

積立方式では、年金制度を始めることができない

最後の問題点です。「積立方式」というのは毎年の保険料を積み立てて行って受給年

齢になった時から支給するという方式ですよね。20歳の若い人ならそれでいいでしょうが、その時点でリタイアしている高齢者の人たちは一体どうなるのでしょう?

積立方式だと制度が機能するようになるまで40年ぐらいかかることになります。それまで若い人は高齢者の扶養と保険料の負担という二重の負担を負わなければなりません。あるいは、高齢者が無年金か低年金という社会にならざるを得ないのです。

第2章の2節でお話ししたように、現在80代や90代で年金を受給している人たちはたしかに今の若い人に比べて負担した保険料の絶対額は少ないとはいえ、それは彼らが自分達の親を養わなければならなかったからなのです。これは日本だけではなく世界の多くの国は当初スタートする時は「積立方式」を指向したものの、それでは持たないことにすぐ気付き、いずれの国も早い時期に「賦課方式」に変更しました。もし積立方式のままで運営していれば、その負担は大変なものになっていたでしょう。

結局積立方式というのは、相当長い期間にわたって若者に高負担を強いることになってしまうのです。したがって、海外の主な先進国はほとんどが賦課方式を採用しており、積立方式で運営されているところはほとんどありません（※1）。

積立方式でも少子高齢化の影響は逃れることができない

この節の最初に、積立方式を主張する人は「賦課方式は少子高齢化の影響を大きく受けるが、積立方式なら大丈夫だ」と考えている人が多いとお話ししました。ところが実際には積立方式も少子高齢化の影響は受けるのです。

第1章の4節で、高齢者が必要なのはお金そのものではなく、将来も現在と変わらないモノやサービスを手に入れることのできる権利だというお話をしました。これは前述したLSEのニコラス・バー教授が言う「Output is Central」（生産物が中心）という考え方で、「いつの時代でも最も大事なのは、お金そのものではなく生産物（モノやサービス）だ」ということを表しています。モノやサービスを手に入れるための手段がお金であることから、我々はいつの間にか手段である「お金」を目的であるかのように勘違いしがちですが、本当に大事なのは生産物であるモノやサービスなのです。ここがとても重要なポイントです。

少子高齢化が進むと勤労者数自体が減少しますから、モノやサービスの生産量も減ります。その小さくなったパイは現役と高齢者とで分けることになります。生産量が減った結果として生産物の価格は上昇、つまり物価が上がりますが、もし積立方式だった場合であれば、高齢者はそれまでに蓄えた積立金をその時点での消費に充てることになりますので、現役世代よりもずっと安定した購買力を持つことになります。この結果、高齢者に比べて金融資産の少ない現役世代にとっては不利になりかねません。

つまり年金制度の設計を賦課方式でやろうが積立方式でやろうが、少子高齢化が進む限りにおいて、現役世代の人からみれば負担になるという点では同じことなのです。したがって少子高齢化が進む時代において、本当に大切なのは、賦課方式か積立方式かということではなく、少子化対策をきちんと行うことと、制度への参加者を増やすことだろうと思います。そのあたりについては後ほど第5章で詳しくお話ししましょう。

（※1）主要国の年金制度の国際比較
https://www.mhlw.go.jp/content/12500000/000724359.pdf

3　バランスシートで見ると年金は破綻している

ひと頃、「年金バランスシート論」というものが話題になりました。一般的にこの議論はあまりよく知られていないと思いますが、大学の先生がこれを唱えたことで、インテリ層が好む新聞や雑誌にはよく記事が掲載されました。

このバランスシート論をひと言で言えば「年金は債務が多いので実質的には年金は既に破綻しているも同然」ということであり、「北斗の拳」風に言えば、「年金よ、おまえは既に死んでいる」ということになります（笑）。

この議論が出たのは２０００年代初めの頃ですから、もしそうだったのなら、年金は２０２１年現在すでにミイラになってしまっていてもおかしくありません。だけど、現実にはピンピンしています。それどころか年金積立金で見るとその頃から90兆円ぐらい増加しているのです。

私は長年、企業年金にかかわる仕事をしてきたので、年金債務という考え方は理解できますが、それを公的年金で考えるというのは、ちょっと首をかしげざるを得ません。

年金のバランスシートとは何か？

そもそもバランスシート（貸借対照表）というのはどういう目的で作られるのでしょうか？　それは企業のある時点における財政状態を明らかにすることです。企業が事業活動を行うにあたって、必要な「お金の出所」と「その使い途」を表しています。（図17）

企業の場合、その使い途はさまざまですが、年金の場合の使い途は1つしかありません。それは受給者に対する年金の給付です。ではお金の出所はどうでしょうか。企業の場合は大きく分けると自己資本と他人資本に分かれます。自己資本というのは株主が出資した資本金、そして企業が活動した結果得た利益剰余金のことです。他人資本というのは平たく言えば借金です。つまり人様のお金と自分のお金（株主のお金）の両方があります。

ところが、公的年金の場合は自己資本に相当するものはありません。なぜなら、自己資本というのは別な言い方をすると「株主資本」とも言い、「お金を儲けたい」と思う

図17　「年金のバランスシート」のイメージ

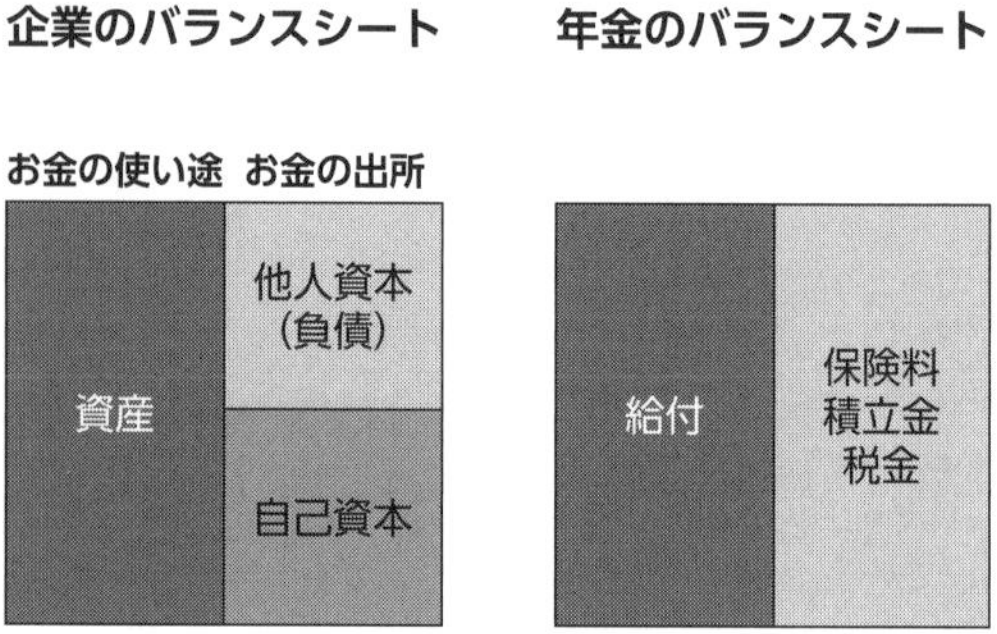

人（投資家）が、その儲けを稼いでくれる元手として企業という器に出資するものだからです。

　年金はあくまでも受給者に年金を給付するという機能だけの装置であり、それ自体が「生産」、「消費」、「投資」といった行為を行う経済主体ではありません。したがって、自己資本という概念はないのです。もちろん年金積立金で投資は行いますが、その目的はあくまでも年金の給付のためであり、企業のように収益の極大化を目指しているわけではありません。「保険料」、「税金」そして「年金積立金」といった原資は全て人様のお金、つまり年金受給者のお金であり、年金財政においては、単にそのお金を使って年金支給に回しているだけです。

「え？　でも保険料はたしかに自分達が払ったものだからわかるけど、税金や年金積立金も年金受給者のお金なの？」と思うかもしれませんが、日本は原則全員が年金に加入していますから、誰もが必ず年金の受給者になります。つまり、税金でまかなう部分も年金受給者が払い込んだ税金の一部なのです。それに年金積立金も元は保険料が余った分を積み立ててきたわけですから、やはり年金受給者のお金と言っていいでしょう。

このように「お金の出所」と「その使い途」ははっきりしているわけですから、企業のバランスシートのようなものはあまり意味がないのです。

年金債務という概念の勘違い

さて、ここからが本題です。図17の年金のバランスシートを別な角度から分解したのが図18です。これは年金破綻論者の人たちがよく描く図なのですが、年金は将来にわたって支給を保証しているものなのだから、現時点での受給者だけではなく、将来の受給

図18　年金破綻論者が主張する年金バランスシート

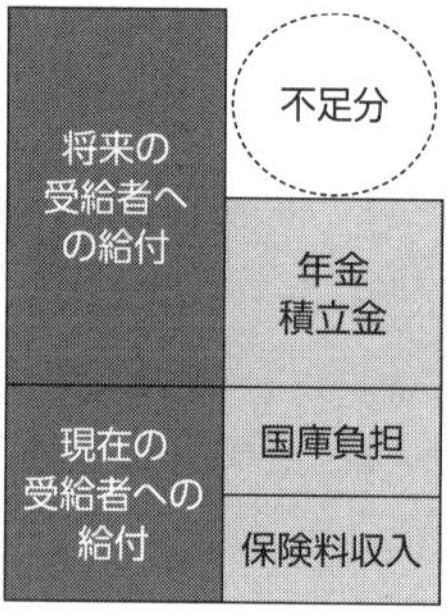

者への給付も考えなければならないと言います。それはその通りです。つまり図18の左側ですね。

ところがそれに対して「『保険料収入』、『国庫負担（税金）』で現在の受給者に対しては何とか支払いは可能だが、『年金積立金』の分を加えても将来の給付に対してはとても足りない。だから巨額の年金債務が隠れている」と主張します。つまり将来分を考慮すると現在のバランスシートでは債務超過になっているという考え方で、要は「年金は多額の債務を抱えている」というわけです。

しかしながら、図18には将来、入ってく

るべき保険料収入は全く考慮されていません。でもこれはあたり前の話です。今までお話ししてきたように、日本の年金の財政方式は「積立方式」ではなく、「賦課方式」です。したがって将来支給される年金のお金は今の時点では用意されていません。それを「年金債務」と呼ぶのは年金の財政方式を理解していないからです。

将来支給される予定の年金が用意されていない場合、それを「年金債務」と呼ぶのは「積立方式」の場合です。企業年金は「積立方式」で運営されています。したがって企業年金には「債務」が発生し、その債務のことをＰＢＯ（Projected Benefit Obligation）と言います。ちょっと難しいですが、公的年金との違いをはっきりさせるために説明しておきます。

公的年金と企業年金の違い

ＰＢＯは日本語では「予測給付債務」と言って、「従業員の現時点までの勤務期間に対応する給付額について、制度が存続することを前提に、将来の勤務期間、そして昇給

図19 「年金のバランスシート」を正しく表現するなら……

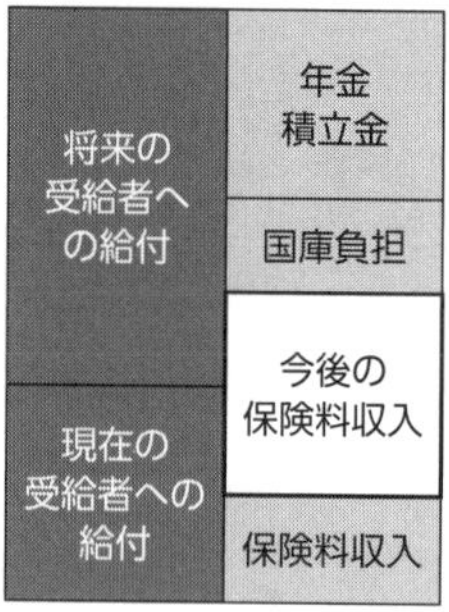

や退職等が生じる見込みを反映して算出された金額」のことを言います。この説明だけだと少し難しいので、例を考えてみましょう。

たとえばもしあなたが40歳で、勤続年数が20年だった場合、20年間働いた分に相当する企業年金の金額に加え、今後定年までに働く期間や昇給の見込み等を予測して計算した金額が定年退職後に企業年金としてあなたに支払われる金額となります。それを今の価値に引き直して計算した金額がPBOと呼ばれる年金債務なのです。

なぜこんなことをして年金債務を計算し、それを準備しておく必要があるのかというと、それは企業年金の性格が「給料の後払い」的なものだからです。働いた期間に応じて給料を払うのは当然ですし、その人が今後会社を辞めるかどうかはわかりませんから、あくまでも働き続けるという前提で、昇給した場合の金額も含めて予測し、そのお金を準備しておかないと、いざ定年退職という時にお金が足りなくて企業年金が払えないということになってしまいかねないからです。

もし公的年金が積立方式で運営されているのであれば、同じように債務の認識をしておく必要がありますが、賦課方式での運営ですから、「年金債務」という概念はなじみません。これが企業年金との大きな違いです。

どちらも老後の生活をまかなうため、という目的は同じですが、企業年金は「給料の後払い」であるのに対して公的年金は「社会保険制度」であり、「賦課方式」で運営しています。したがって給付が発生する都度、それを保険料でまかなうというやり方であるため、本来的には積立金は不要です。ですから、再々申し上げているように「年金積立金」はあくまでもバッファー、調整弁なのです。

もし、どうしても「年金」をバランスシートで表現しろ、というのであれば、124ページの図19が最も近い概念ではないかと思います。

4　運用利回りの目標が甘い

年金積立金に対する誤解

公的年金制度は5年に一回、「財政検証」というものがおこなわれます。これについては次章で詳しくお話ししますが、ごく簡単に言えば「年金の健康診断」のようなものです。年金制度が健全に維持されているか、今の制度のままでは将来に問題があるか、ないかについて検証し、改善が必要なところが出てくればその部分を法律を作って改正するということをやってきています。一番最近では2019年におこなわれました。

そんな財政検証ですが、結果が公表されるといつもマスメディアが「見通しが甘い」と報道します。これは毎回の恒例行事です（笑）。特に年金積立金の運用利回りについて「見通しが楽観的すぎる」という指摘が登場します。これについては2つの面でメディアは大きな間違いを犯しています。

まずひとつ目は年金積立金に対する誤解です。今まで本書で指摘してきた通り、200兆円近くある「年金積立金」というのは年金支払いの原資ではなく、あくまでもバッファー、調整弁にすぎません。極端なことを言えば、運用が失敗してゼロになったとしても（そんなことはあり得ないのですが）、年金給付ができなくなるというわけではないのです。事実、ヨーロッパの主要国では年金の積立金はほとんどありません。

「積立金の運用」というのは、制度の健全性をはかる物差しのひとつではありますが、「年金積立金の運用利回りの想定が甘い」という点を指摘するのはいかにもピントがずれているような印象を受けます。

そういった記事を書いている記者の人が「年金積立金」の意味を誤解しているのか、それとも「年金積立金」の意味を正しく理解していながら、一番コメントしやすい運用の部分の不安を書いた方がよけい年金制度の不安を煽ることができると考えて確信犯的に書いているのでしょうか。もしそうだとしたら、これはとんでもないことです。もちろん意味を誤解しているとしても、それはそれで問題ですが、わざとピントはずれのコメントで批判しているとしたら、それは悪質だと言ってもいいでしょう。

運用利回りに対する誤解

ふたつ目の間違いは運用利回りに対する誤解です。これはおそらく記者の人達の多くはよくわかっていないのだろうと思います。ここで重要なキーワードが出てきます。それは「スプレッド」という言葉です。この言葉がどういう意味なのか、そしてそれが運用利回りの誤解とどう関係があるのかをお話しする前に、まずは年金給付の前提となる話をお話しします。

第1章の4節に書いてあったことをもう一度思い出してください。年金の本質は「将来のモノやサービスに対する請求権」であるということでした。すなわち将来、物価が上がったとしても今と同じ生活水準が維持できるように年金の給付額は賃金の水準に合わせて引き上げられていくことになります。

図20をご覧ください。この図は年金の給付とその原資を天秤にかけた図で、年金制度の最も大きな役割である給付がきちんとおこなわれるようにするためにどんな構造になっているかを示したものです。右側が年金給付、そして左の天秤にはその原資が載って

図20　公的年金の収支バランス

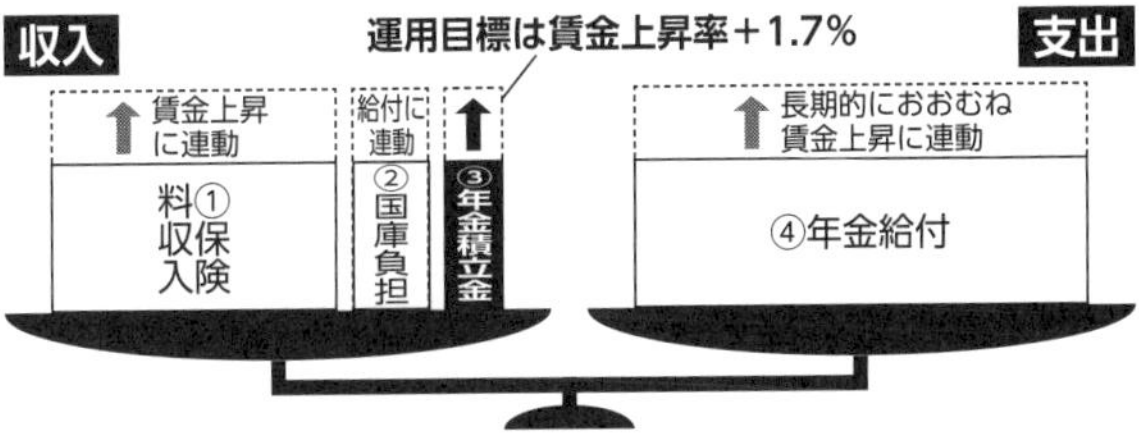

①保険料収入…賃金上昇に応じて増加
②国庫負担…給付の増加（≒賃金上昇）に応じて増加
③年金積立金…運用収入に応じて増加（長期的な運用目標は賃金上昇率＋1.7%）
④年金給付…新規裁定年金の賃金スライドにより、おおむね賃金上昇に応じて増加
→既裁定年金は物価スライドであるが、年金給付の長期的な動向は賃金上昇に応じて増加する

※　GPIFのホームページより

います。

まず右側の年金給付、すなわちこれから年金を受け取り始める人への給付はおおむね賃金の上昇に連動することは前述した通りです。では左側の原資はどうでしょう。一番大きなウェイトを占めるのは保険料収入です。社会保険料というのは報酬額の一定割合ということが決まっていますから、賃金が上昇すれば増えるということになります。したがって、この部分は特に何もしなくても自動的に右側の年金給付の増加に連動します。

次に国庫負担ですが、これは国民年金の場合、2分の1が税金ということは法律で決まっていますから、これも特に何もしなくても給付に連動していくことになります。

ところが年金積立金は運用しなければ増えません。もちろん前述したように年金積立金はあくまでもバッファーであり、貯金ですからどうしても増やさなければならないということではありません。しかしながら貯金は多くあるに越したことはありませんし、少なくとも減らすことはしたくないのは当然です。

ではどうすればいいかというと、この天秤の図でわかるように基本は、賃金上昇に連動するようにすればいいのです。さらに言えば、年度によっては保険料収入が少なかったり、年金の給付額の方が多かったりして単年度では赤字になることもあります。そういった場合にはこの「年金積立金」から取り崩すことになりますので、できることなら単純に賃金連動ではなく、いくらかでもそれにプラスするように運用目標を定めるというのが合理的でしょう。そのプラス部分、すなわち名目賃金上昇率を上回る収益のことを「スプレッド」と言います。

スプレッド（実質的運用利回り）が大事

実は年金積立金の運用で大事なのはスプレッドなのです。ＧＰＩＦのホームページで「ＧＰＩＦの運用目標」という部分を見ると、次のように書いてあります（※１）。

ＧＰＩＦの運用目標は、主務大臣である厚生労働大臣が定めた「中期目標」において、「長期的に積立金の実質的な運用利回り（積立金の運用利回りから名目賃金上昇率を差し引いたもの）１・７％を最低限のリスクで確保すること」が要請されています。

つまりＧＰＩＦの長期的な運用目標は「名目賃金上昇率＋１・７％」であるということなのです。そしてこの１・７％がスプレッドなのですが、多くの記事では、このスプレッド（実質的運用利回り）ということが理解されず、名目運用利回りだけしか語られていません。

次に図21をご覧ください。これは過去10年間のＧＰＩＦの運用状況を表にしたものです。一番左側は名目運用利回り、すなわち実際に達成した運用利回りで、その数字は過去10年間の平均で３・61％となっています。ところがこの間の名目賃金上昇率は平均す

図21　GPIFの運用状況（2010〜2019年度）

年度	名目運用利回り	名目賃金上昇率	実質運用利回り（スプレッド）
2010年度	▲0.26	0.68	▲0.93
2011年度	2.17	▲0.21	2.39
2012年度	9.56	0.21	9.33
2013年度	8.23	0.13	8.09
2014年度	11.62	0.99	10.53
2015年度	▲3.64	0.50	▲4.12
2016年度	5.48	0.03	5.45
2017年度	6.52	0.41	6.09
2018年度	1.43	0.95	0.48
2019年度	▲5.00	0.70	▲5.66
直近10年間平均（年率）	3.61	0.44	3.17

※ GPIFホームページより　https://www.gpif.go.jp/gpif/investment_return_target.html

ると0・44％ですので、実質的運用利回り、つまりスプレッドは3・17％ということになります。

なぜ、こんなスプレッドなどというややこしいものを目標にしているのでしょうか？　それよりも年率4％とか5％という数字自体（名目運用利回り）を目標にした方がずっとわかりやすいはずです。

しかしここで考えていただきたい大事なことは、物価上昇による目減りです。いくら5％の運用利回りを達成しても物価がそれ以上上昇してしまったら、年金給付額は実質的に目減りしてしまうということになります。そして物価が今後どれぐらい上昇するかは誰も予想することができません。だからこそ、いくら物価が上昇してもそれを一定の割合で上回るスプレッドを目標として設定することが必要なのです。

現在このスプレッドは、前述のGPIFのホームページにもあるように1・7％と定められており、厚生労働大臣がGPIFに「この数字を達成しなさい」と要請している数字です。ただし、厳密に言えばGPIFがスプレッドの目標とするターゲットは前述の囲みの中にもあるように、物価ではなく「名目賃金上昇率」です。「名目賃金上昇率」は物価上昇を含めていますから、長期的には物価を上回るからです。仮に賃金が10％上がれば11・7％、20％上昇した時は21・7％というのが運用目標であり、GPIFはそれを達成するために運用計画を考えて実行しているのです。

このことを理解できないマスコミの人が、誰でも思いつくわかりやすい目標利回りを挙げて、「こんな数字は実行不可能だ」と騒いでいるのです。たとえば2009年におこなわれた「財政検証」の時に設定されたスプレッド（実質運用目標値）は1・6％でした。当時の名目賃金上昇率が2・5％の想定でしたので合計すると4・1％になります。

この数字を見て、「ＧＰＩＦの利回り実績は過去の平均で３％弱なのでこの想定は甘い」と報道されましたが、４・１％などという数字はどこにも目標としては載っていません。実際に名目賃金上昇率２・５％というのはかなり高めの見積もりでした。図21にもあるように10年間でわずか０・44％しか賃金は伸びていないのです。したがってスプレッド（実質的運用利回り）は３・17％を達成していますから、当時のスプレッド目標１・６％のほぼ２倍を達成しているのです。

　年金で大事なことはインフレになっても生活が維持できるということです。したがって名目の運用利回り目標は出しても意味がないのです。メディアのみなさんにもこの辺はもう少し勉強していただきたいと思います。

（※１）　ＧＰＩＦホームページ
https://www.gpif.go.jp/gpif/investment_return_target.html

第4章　知っておくべき年金の歴史

1 「2004年」が大きなターニングポイントだった

高齢化社会は50年も前から始まっていた

さて、ここまでは多くの人が持っている「年金に対する誤解」について述べてきました。本書の後半では、そうした誤解を解いた上で、「今後の年金はどうなるのか?」そして「それに対する正しい向き合い方はどうすべきか?」について話を進めていきたいと思います。

まずは公的年金の制度が整ってきた昭和30年代から今日に至るまでの制度の変遷について振り返ってみたいと思います。

第2章でも少し触れましたが、国民皆年金制度が生まれた昭和30年代(1955~64)、日本は高度経済成長が始まっていました。年金積立金がこれだけ積み上がったひとつの背景は、経済の発展にあったと言っても良いでしょう。ところが、実はそんな中でも高齢化社会の足音はひたひたと近づきつつあったのです。

みなさんは日本が高齢化社会に入ったのはいつかご存じでしょうか？「高齢化社会」の定義は人口に占める65歳以上の割合が７％を超えるということです。この数字を見て直感的に感じられたと思いますが、それは最近のことではありません。実は１９７０年、すでに日本は高齢化社会に入っているのです。今から50年も前に高齢化社会に入り、かつ将来それが進むということは容易に想定できたことでしたので、それに対する対応策というのは今までもそれなりにおこなわれてきています。

ご存じの通り、日本経済の成長が曲がり角を迎えたのは１９９０年頃です。俗に言うバブル経済がピークを迎えたのもこの頃で、それ以降、日本は「失われた30年」という経済が低迷する時代に入りました。それより前に高齢化社会はすでに始まっていたため、実際には90年以前から対応策は検討されていたのです。たとえば厚生年金の定額部分の支給開始年齢を60歳から65歳までに２００１年から徐々に引き上げていくというのが決まったのは１９９４年でしたが、この検討自体はそれよりもかなり以前の１９８０年頃から始まっていたようです。

しかしながら年金制度が大きなターニングポイントを迎えたのは今世紀に入ってから、2004年のことでした。

どんな制度の改革が行われたのか

では2004年に行われた改革とは一体どんなものだったのでしょうか。最も大きな点は制度の設計が変わったことです。具体的に言えば、2004年以前は受給者に対する年金の給付額が決まっており、それに合わせて現役世代の負担額を決めていたのです。

しかしこの方法では高齢化が進む時代において、現役世代のみに負担がかかることになりかねません。そこで2004年以降、現役世代の払い込む負担額をまず決め、それをベースに受給者への給付額を決めるという方式に変わりました。これは企業年金などで行われた制度改革であった「確定給付」から「確定拠出」への移行と少し似たところがあります。わかりやすく言えば「給付ありき」の考え方から「拠出を中心とした」考え方へ変わったということです。

それまでは給付ありきでしたから、時代と共に現役世代の負担、すなわち保険料を見直すことが必要で、それは5年に一度行われていました。これを「財政再計算」と言います。一方、２００4年以降は保険料の見直しをするのではなく、年金の財政が当初に決めた予定通りになっているかどうかを5年ごとに検証する「財政検証」というしくみに変わったのです。

財政検証については次節で詳しく説明しますが、この２００4年の改正で行われたことはかなり大胆な変更を伴うものでした。

具体的に何が変わったのか

年金制度の健全性を維持するための具体的な策としては以下の３つです（※１）。

1. 基礎年金の国庫負担を2分の１に引き上げ
2. 財政検証の実施
3. 保険料水準固定方式の導入等

この他にも「多様な働き方に対応した制度の構築」として、いくつかの改正点がありました。たとえば離婚時の年金分割などもこの時に制定されましたが、これらはいずれも年金制度の使い勝手に関する問題ですから、本書の目的である「年金制度の健全性を確認する」という視点とはやや異なりますので、説明は割愛します。

この中でやはりポイントとなるのは「3．保険料水準固定方式の導入等」であることは前述した通りですので、この点に絞って、少し詳しく説明しましょう。

2004年の6月に厚生労働省が発表した「年金制度改革の概要」（※1）の中では、「厚生年金及び国民年金の将来の保険料水準を固定した上で、その収入の範囲内で給付水準を自動的に調整する仕組みとする」とされています。

保険料水準の固定については、「厚生年金の保険料率は、2004年10月から毎年0・354％ずつ引き上げ、2017年度以降は18・3％とする」となっており、「国民年金の保険料（月額）は、2005年4月から毎年280円ずつ引き上げ、2017年度以降は16900円とする」とされています。したがって、両方とももう上限まで達していますので2017年以降は保険料の引き上げは行われていませんし、これからも引き上げられる予定はありません。

つまり、保険料はもうこれ以上あがらないわけですが、一方で「その収入の範囲内で給付水準を自動的に調整する仕組みとする」と書いてあります。これはどういうことでしょう。保険料収入を一定にするのであれば、ケースによっては年金の給付額を減らすということなのでしょうか？　端的に言えばその通りです。ただ、一方的に減らすだけでは年金受給者が困ることになりますので、無理なく調整するような仕組みが考えられているのです。それが「マクロ経済スライドの導入」と「年金積立金の活用」です。

マクロ経済スライドは本章の3で説明しますが、年金受給者への給付額を調整する仕組みです。前にもお話ししたように年金給付額は物価・賃金とスライドする仕組みですが、マクロ経済スライドの場合は、必ずしも両者と同じ率でスライドするわけではなく給付額が抑制されます。もちろん抑制されるとは言え、限度があり、この時に定められたのは、下限を設けることです。その下限とは「標準的な厚生年金の世帯の給付水準が、少なくとも現役世代の平均的収入の50％を下回ることのないようにする」というものです。そのための調整に使われるのが「年金積立金」です。

これも今までお話ししたように年金積立金は現在200兆円近くあります。この積立金を有効に使って給付水準が大きく下がらないようにしようということです。さらに、2004年からは少なくとも5年ごとに「財政検証」をおこなって、現状の制度が持続可能なものであるかどうかを検証する。必要に応じて制度の手直しを行う、ということが決まったのです。

では、具体的に財政検証とはどういうものなのか？　そして年金積立金をどう活用するのかについて、次にお話をしていきたいと思います。

※1　「年金制度改革の概要」（厚生労働省　2004年6月）
https://www.mhlw.go.jp/topics/2004/02/dl/tp0212-2b1.pdf

2　百年安心って誰が言った？――「財政検証」の意味

政府も厚生労働省も「百年安心」とはひと言も言ってない

財政検証の話に入る前に、２００４年当時、流行した言葉について少し振り返ってみましょう。それは「年金百年安心プラン」というものです。この言葉は最近で言えば「人生百年時代」と同じぐらい話題になり、色んなマスメディアで取り上げられました。ところが5年に一度の財政検証が２００９年に行われた後、法律を改正する時に当時の野党やマスメディアからは「百年安心と言っておきながら5年も経たないうちに変えるのか？」といった声が上がってきました。でもはっきり言ってこれはかなり的外れな議論です。

実は当時の政府も厚生労働省も「年金が百年安心」とはひと言も言っていません。もし嘘だと思うなら、調べてみてください。公式の発言にも出された資料にも、そして談話の中ですら誰もそんなことは言っていないのです。

ではなぜそんな言葉が話題になったのでしょう。それは2003年11月の総選挙で、それまで年金制度改革について議論してきた与党のひとつである公明党の議員が選挙戦の最中にこの言葉を使ってしまい、それにマスコミが飛びついたという構図なのです。

でも、常識で考えてください、百年後の世の中がどうなっているかなど誰にもわかりません。ところが「百年安心」という言葉の響きの中には「年金制度は何もしなくても百年は安泰だ」という印象があります。しかし実際はそういうことではありません。

前節で出てきた2004年の「年金制度改革の概要」の中には以下の文章が出てきます。「少なくとも5年ごとに年金財政の現況及びおおむね100年程度の間（財政均衡期間）にわたる年金財政の検証を行う」（※1）

どういうことかというと、「今の経済情勢や社会情勢では、最も適切と考えられる内容で今回の改正案を作った。これは向こう100年間を想定し、年金保険料の拠出と年金の給付、及び積立金の取り崩しが均衡するようなモデルとなっている。しかしながら、将来の経済情勢はどうなっていくかはわからない。そこで今後は5年ごとに当初の予想通りになっているかどうかを定期的に検証していく必要がある。そのために『財政検証』を行う」ということなのです。つまり何もしなくても安泰ということではなく、定期的に内容を見直していきましょうということなのです。だから「財政検証」は人間で言えば「人間ドック」のようなものなのです。

１００年という期間は年金の財政において想定しておかなければならないレベルの期間です。１人の人が20歳で年金保険料を払い始めて、65歳で受け取りを始めるまでだって45年かかるわけですから、制度全体を考えるにあたっては、たかだか10年とか20年では不十分です。１００年というのはそういう文脈で使われたものなのです。

積立金も１００年を基準にして活用する

さらに厚生労働省が提供する漫画、「いっしょに検証！公的年金」には次のようなことが書かれています（※２）。

「公的年金制度では、一定の積立金を保有し、その運用収入や元本を活用する財政計画を立てています。平成16（２００４）年の年金制度改正において、積立金はおおむね１００年をかけて、計画的に活用することになりました。〈中略〉平成１２２（２１１０）年度開始時の積立金が、平成１２２（２１１０）年度における支出の1年分となるような給付水準調整を行った上で、おおむね１００年にわたる財政見通しを作成しました」

この中にも１００年という数字が出てきますが、ごく簡単に言えば「年金積立金については現在４・９年分の残高がありますが、１００年後に1年分ぐらいが残れば良い、ぐらいのつもりで取り崩していきましょう」ということなのです。前節で給付水準を調整するしくみとして年金積立金を活用するという話が出てきましたが、これはそのことを言っています。

ですから「年金は百年安心だ」などという理解の仕方が根本的に間違っているのです。そもそも「百年安心年金」などという言葉はいかにも突っ込まれやすい、今で言う「バズワード」になりやすい言葉です。

官僚の人たちは慎重ですし、誰からも変な突っ込みが入らないように細心の注意を払って発言していますから、そんなキャッチーな言葉を安易に使うとは思えません。おそらく政治家が選挙向けに自分の手柄をアピールしたい思惑があって、改革議論の中で度々出てきた「百年」という言葉を間違って解釈してしまったことが、「百年安心」という言葉ができあがってしまった原因だと思います。

「財政検証」は未来予測ではない

さて、ここまでのお話で「年金は何もしなくても１００年安泰」ということではないことはおわかりいただけたかと思います。〝何もしなくても〟ではなく、状況が変わっていないかどうかを5年ごとにチェックをするのです。そしてその時点で向こう１００年間を想定した年金財政の観点でチェックを行い、必要な修正があれば早めに手を打っていこうということです。

２０１９年3月13日に開催された「第８回社会保障審議会　年金部会」の資料の中に「財政検証の結果は、人口や経済を含めた将来の状況を正確に見通す予測（ｆｏｒｅｃａｓｔ）というよりも、人口や経済等に関して現時点で得られるデータを一定のシナリオに基づき将来の年金財政へ投影（ｐｒｏｊｅｃｔｉｏｎ）するもの」と書かれています。これは全くその通りで、将来予測を正確におこなうことなど、誰もできません。大事なことは現時点の状況を続けていった場合に将来はどうなるだろうか？ということを考え、さらに将来に向けて様々な選択肢を検討することだろうと思います。

人間ドックでも同様で、将来病気になるかどうかなどということはお医者さんでも予測は不可能です。でも現在の生活を続けていけば「糖尿病」や「高血圧」などの成人病の可能性が高いということであれば生活を改善していかなければなりません。それを考えていくのが財政検証なのです。

財政検証においては今後の経済成長予測について数種類のシナリオを想定し、現状の制度のままでそれぞれのシナリオ通りになった場合に年金財政がどうなるかをまず試算します。これが「本体試算」と言われるものです。

一方、現在の制度を変えた場合に将来の年金財政はどうなるかを試算するのが「オプション試算」です。私はより重要なのはこちらのオプション試算だと思います。なぜなら、オプション試算によって制度をどう変えるべきかをあらかじめ議論しておくことで、今後の経済や社会情勢の変化に対する対応を早めに考えることができるからです。これは言わば病気にならないための予防や治療法を考えるということなのです。

最近では2019年に「財政検証」がおこなわれました。その際には「オプションA―被用者保険の更なる適用拡大」、そして「オプションB―保険料拠出期間の延長と受給開始時期の選択」の2つが提示されました。実際にはここで試算されたオプションプランが全て実現されたわけではありませんが、その内の一部が2020年の5月に成立した年金制度改正法に反映されています。

「財政検証」は、このように非常に重要なものなので、発表された内容についてはしっかりと読みこなして理解することが大切なのですが、年金の基本的な知識を持たない一般の人にとっては読みこなすのはかなり骨が折れます。マスメディアが中立的な視点でそのあたりを解説してくれるとありがたいのですが、残念ながらかなりネガティブな報道ばかりであったのが近年の年金報道の歴史です。

そして、多くのメディアや有識者と言われる人たちの論調が「年金の抜本的な見直しが必要」という紋切り型の主張になるのですが、はっきり言って年金のようなきわめて長期にわたる社会保険制度に「抜本的な改革」はなじみません。その理由は時代と共に社会情勢は変わっていきますから一度抜本的な見直しをしてもすぐに時代に合わなくなってくる可能性があるからです。

それに年金受給者に対しては「今度抜本的な改革をするから、しばらく年金の支給は我慢してね」というわけにはいきません。結局、年金支給を継続的、安定的におこないながら制度を見直して行くには「財政検証」のように5年ごとという短い期間でチェックや手直しをしていくのが一番良い方法なのです。

※1 「年金制度改革の概要」（厚生労働省 2004年6月）
https://www.mhlw.go.jp/topics/2004/02/dl/tp0212-2b1.pdf

※2 「いっしょに検証！公的年金」（厚生労働省）
https://www.mhlw.go.jp/nenkinkenshou/verification/verification_02.html

3 「マクロ経済スライド」って何？

給付額の増加を抑えるようにしたしくみ

２００４年の年金制度改正は非常に大きなターニングポイントだったということをお話ししました。一番大きく変わったことは「保険料」（収入）と「給付」（支出）のしくみを変更したことです。２００４年以前は、将来の保険料の見通しを示した上で、給付の水準と保険料の負担を見直し、当面5年間の新たな保険料の負担額を法律で決めていました。

ところがそれまでは少子高齢化の進展によってその見直しをおこなう度に、最終的な保険料の水準が上がる見通しが続いたのです。このため、将来の保険料負担がどこまで上昇するのかという懸念がありました。そこで２００４年の制度改正で、将来の現役世代にとって保険料の負担が大きくなりすぎないように一定水準で保険料の上限を決めました。さらに国の負担を増やし、年金積立金を活用していくということもこれまでにお話ししてきたとおりです。

そしてこれらの収入の範囲内で年金の給付をおこなうためにそのルールを変えました。従来は年金の給付額は賃金や物価の変動率に合わせてスライドするようになっていたのです。つまり物価・賃金が上昇すれば、同じ率で年金給付額も改定し、上昇していたということです。

ところがその改定率を調整し、給付額の増加を抑えるようにしたしくみが「マクロ経済スライド」なのです。

「マクロ」って何？

マクロ経済スライドの「マクロ経済」ってあまり聞き慣れない名前ですね。そもそもマクロというのは、「巨視的」という意味で、大きな観点から見ることを言います。主に経済学においては、一国のＧＤＰ（国内総生産）や貿易収支、失業率といった具合に国全体の経済活動の観点から見ることです。これに対して企業や個人などの動向はミクロと言います。

公的年金の世界で言う〝マクロ〟とは社会情勢、たとえば人口の動向や平均余命の変化などのように社会全体の変化のことです。この場合は、労働人口が減少して保険料を負担する人が減ったり、平均余命が伸びることで年金の受給期間が長くなったりすることです。

しかしそういう状況になってしまうと、従来のように単純に賃金や物価の上昇に連動して年金を給付していると給付額が多くなり、積立金の取り崩しが増えてしまったりすることで年金財政に悪影響を与えることになりかねません。そこで給付額を調整して増加を抑えるようにする必要が出てきたというわけです。

具体的に言うと、厚生年金の場合は保険料率を18・3％に固定した上で、向こう100年間に入ってくる収入の合計額をまず決めます。この収入合計額と同じ100年間の年金給付総額が一致するように年金受給者1人あたりの給付の水準を自動的に調整して決めるというやり方です。前節でもお話ししたように年金の制度設計を考える時には1

00年ぐらいの単位で考える必要があるからです。

これは言い換えると「痛みを分かち合う」ということです。受給世代の人たちにとっては今までよりも年金支給額が減るということですから、現役世代の負担だけではなく、受給世代にも負担の一部を分かち合ってもらおうというのがその意義なのです。

具体的にはどれぐらい給付額が減少するのか

では、マクロ経済スライドが適用されると、具体的にはどれぐらい給付額が減少するのでしょうか。この制度では、賃金や物価の上昇に基づく年金給付額の伸びから、「スライド調整率」というものを差し引いた改定率で実際の年金給付額が決められます。

この「スライド調整率」というのは、前述したように労働人口が減る原因となる現役世代の減少や平均余命の伸びを反映して決められるものです。具体的には「公的年金全体の被保険者の変動率（過去3年分の実績）＋平均余命の伸びの影響（0・3％）」で算出されます。難しい式は覚える必要がありませんので、要は賃金や物価の上昇率より

郵便はがき

お手数ですが
切手を
お貼りください

150-8482

東京都渋谷区恵比寿4-4-9
えびす大黑ビル
ワニブックス書籍編集部

お買い求めいただいた本のタイトル

本書をお買い上げいただきまして、誠にありがとうございます。
本アンケートにお答えいただけたら幸いです。
ご返信いただいた方の中から、
抽選で毎月5名様に図書カード(500円分)をプレゼントします。

ご住所 〒 TEL (　　-　　-　　)	
お名前《(ふりがな)》	年齢 歳
ご職業	性別 男・女・無回答
いただいたご感想を、新聞広告などに匿名で使用してもよろしいですか? (はい・いいえ)	

※ご記入いただいた「個人情報」は、許可なく他の目的で使用することはありません。
※いただいたご感想は、一部内容を改変させていただく可能性があります。

●この本をどこでお知りになりましたか?(複数回答可)

1. 書店で実物を見て　　2. 知人にすすめられて
3. SNSで(Twitter:　　Instagram:　　その他　　)
4. テレビで観た(番組名:　　)
5. 新聞広告(　　新聞)　　6. その他(　　)

●購入された動機は何ですか?(複数回答可)

1. 著者にひかれた　　2. タイトルにひかれた
3. テーマに興味をもった　　4. 装丁・デザインにひかれた
5. その他(　　)

●この本で特に良かったページはありますか?

●最近気になる人や話題はありますか?

●この本についてのご意見・ご感想をお書きください。

以上となります。ご協力ありがとうございました。

図22　マクロ経済スライドが適用されるとどうなる？

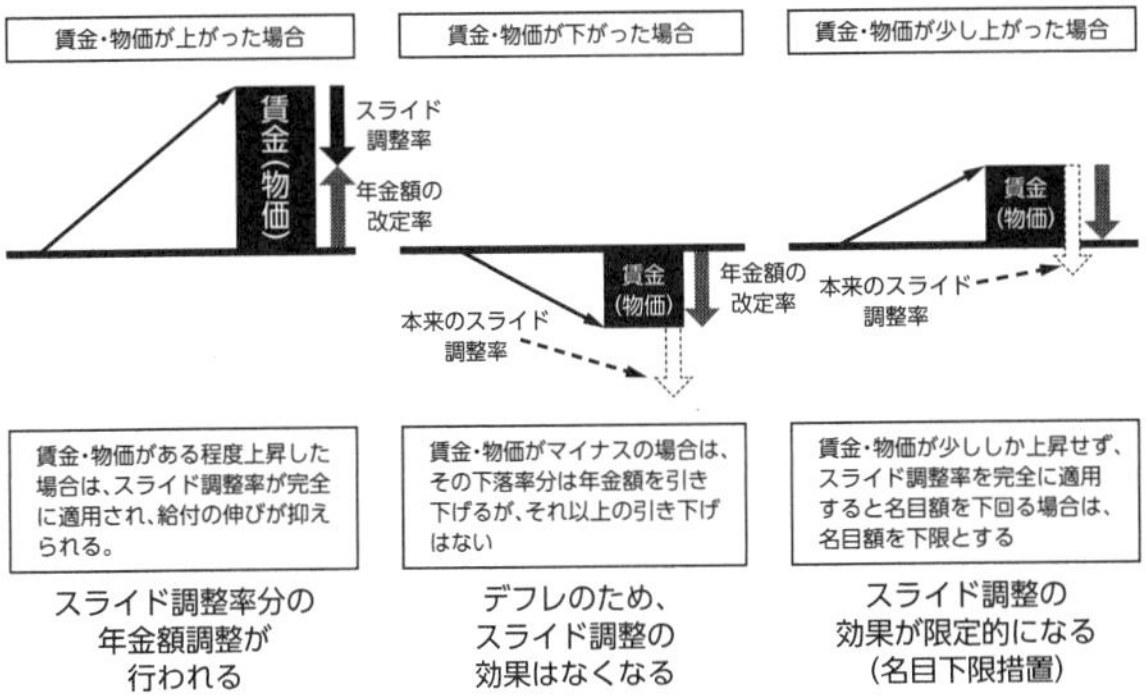
賃金・物価が上がった場合
賃金（物価）
スライド調整率
年金額の改定率
賃金・物価がある程度上昇した場合は、スライド調整率が完全に適用され、給付の伸びが抑えられる。
スライド調整率分の年金額調整が行われる
賃金・物価が下がった場合
賃金（物価）
年金額の改定率
本来のスライド調整率
賃金・物価がマイナスの場合は、その下落率分は年金額を引き下げるが、それ以上の引き下げはない
デフレのため、スライド調整の効果はなくなる
賃金・物価が少し上がった場合
賃金（物価）
本来のスライド調整率
賃金・物価が少ししか上昇せず、スライド調整率を完全に適用すると名目額を下回る場合は、名目額を下限とする
スライド調整の効果が限定的になる（名目下限措置）

も少し少ない金額しか年金給付額は上がらないと覚えておいてください。

では、物価がマイナスになったらどうなるのでしょう。それは図22をご覧ください。物価がマイナスの場合、スライド調整率は適用されませんので、物価下落率よりも給付額が下がることはありません。つまりマクロ経済スライドは発動されないことになります。

また、物価が上昇してもそれがわずかで、スライド調整率よりも低い上昇率しかなかった場合、調整率を完全に適用すると実際に支給される年金額が前年よりも減ることになりますので、そうならないよう「名目

下限措置」というしくみが適用されます。この場合もマクロ経済スライドの効果はあまりありません。

2004年にこのマクロ経済スライドの導入が決まってからも日本は長い間、デフレが続いていましたので今までにこの制度が発動されたのは2015年、2019年と2020年の3回しかありません。2015年は前年に消費税が引き上げられたため、物価は2・7％上昇しましたが、マクロ経済スライドによって上昇率は0・9％に抑えられました。2019年の場合は、物価上昇率が1％、賃金上昇率が0・6％でしたが、調整後の給付額の上昇率は0・1％となりました。

ただ、どちらの場合も賃金・物価ほどは上がっていないものの、実際の給付額（名目）は増えているので、それほど話題にはなりませんでした。

マクロ経済スライドは厳格に適用すべき

実はこのマクロ経済スライドというのは、年金制度の健全性を保つには非常に優れた制度なのです。年金のことが比較的詳しい人でもマクロ経済スライドの効果は「今の時点での現役と年金受給者の負担と給付のバランスを調整する役割」としか理解していない人が多いだろうと思います。でも実はマクロ経済スライドがもたらすのはそれだけではなく、現在と未来のバランスにも大いに効果があるのです。

どういうことか具体的にお話をしましょう。先ほど、「向こう100年間の収入合計をまず決め、その収入合計と一致するように給付の水準を自動的に調整していく」のが、マクロ経済スライドのやり方だということをお話ししましたね。つまりパイの大きさは決まっているわけです。であるなら、できるだけ厳格に早い時期にマクロ経済スライドを適用して給付額を少なくすることで、それによって余った部分を将来の高齢者に回すことができるようになります。何しろ〝固定された年金保険料〟というパイの大きさは決まっているわけですから。

ということは、逆に言えばデフレだとか何だとかの理由でマクロ経済スライドを発動せず、現在の受給者への給付を減らさないと、現在、年金を受給している世代が将来世代の取り分まで食ってしまうことになります。したがって、マクロ経済スライドは厳格に適用すべきなのです。

前述したようにマクロ経済スライドによる調整は、前年度の年金給付の水準を下回らない範囲でしか行えない「名目下限ルール」があるために、なかなか発動できない状態が続いているのです。これを厳格に適用しようとすると、野党やメディアが騒ぎます。「高齢者の年金をカットするな」とか「年寄りいじめ」というちょっとズレた話が始まるのです。さらに言えば、野党だけではなく、選挙における票を失いたくない与党もこういった痛みを伴う制度の適用はあまり積極的にやりたくないでしょう。

もちろん支給される年金は多い方が良いのは当たり前ですが、少なくともデフレや低インフレの時であればそれほど生活に大きな影響を与えるわけではありません。そういう時もマクロ経済スライドをきちんと適用していかないと、将来世代の給付に大きな影響が出かねません。

この問題は「今食べてしまって将来飢える人が出てくるのもやむなし」とするのか、そうではなく、「今食べる分を少し我慢して将来の子供や孫の世代に取っておいてあげる」のか、どちらを選ぶべきかが問われていると言ってもいいのではないでしょうか。

4　年金が持つ格差是正の役割

公的年金の大切な役割「所得再分配機能」

本章ではここまで年金制度を健全に維持するためにどのような方法がとられてきたかということについてお話ししてきましたが、公的年金は今までに様々な改定が加えられ、実によくできた制度になっていると言っていいのです。章の最後に、おそらくほとんどの人が気付いていない公的年金制度の役割とそのメリットについてお話しします。

年金の本質が「保険」であることは、第1章でお話ししました。年金の本質的な役割として保険機能はとても重要ですが、実は公的年金にはもう一つ大事な役割があります。それが「所得再分配機能」です。わかりやすく言えば、高い所得を持つ人から低い所得の人に対して所得の分配がされることです。と言っても、高所得者が直接、低所得者にお金を渡すということではありません。政府がその間に入り、税や社会保障という機能を使って調整していくという役割が「所得再配分」なのです。

これが進み過ぎると共産主義社会のようになってしまいますが、さりとてアメリカのように全て自助努力で市場機能に委ねてしまうというのもいかがなものだろうかと思います。

以前、アメリカの医療問題をテーマにした「シッコ（Ｓｉｃｋｏ）」（２００７年・米国 マイケル・ムーア監督）という映画がありました。この映画は慶應義塾大学の権丈善一先生に教えていただいたのですが、自助努力と市場万能主義が行き着くところの社会の病巣が描き出されており、その結果はかなり恐ろしい社会であるということがこの映画を見るとよくわかります。やはり基本は「自助」であっても、それだけでは足りない部分を「共助」によってまかない、最後のセイフティーネットは「公助」でカバーするというのが最も安定した社会になるのだと思います。

では具体的に日本の公的年金の場合、どういう所得再分配機能があるのでしょうか。

基礎年金の存在が格差を少なくしている

我が国は国民皆年金制度で20歳以上の全ての人は何らかの年金制度に加入していますが、全員が加入しているのが国民年金です。サラリーマンの場合は厚生年金という制度に入っていますが、その中に国民年金に相当する部分が基礎年金としてありますので、基本は全ての人が加入しています。実はこの基礎年金の存在が、年金支給額の格差を是正し、所得再分配の機能を果たしているのです。

図23をご覧ください。この図は手取りの給与が35万7０００円のAさんと17万９０００円のBさんが負担する毎月の年金保険料と将来受け取る毎月の年金額の比較を表しています。また、35万7０００円という手取りは税・社会保険料控除後の金額ですから額面にすると43万９０００円となり、これは厚生労働省がモデル年金額を算出するときの賃金という前提です。AさんとBさんの給料が2倍違うのは比較しやすくするためです。いずれも夫婦二人でどちらかは働いていないという前提です。

さて、年金保険料の負担額は給料に比例しますから、Aさんが払う保険料4万円に対

図23　手取り給与の違いによる保険料負担額と年金給付額

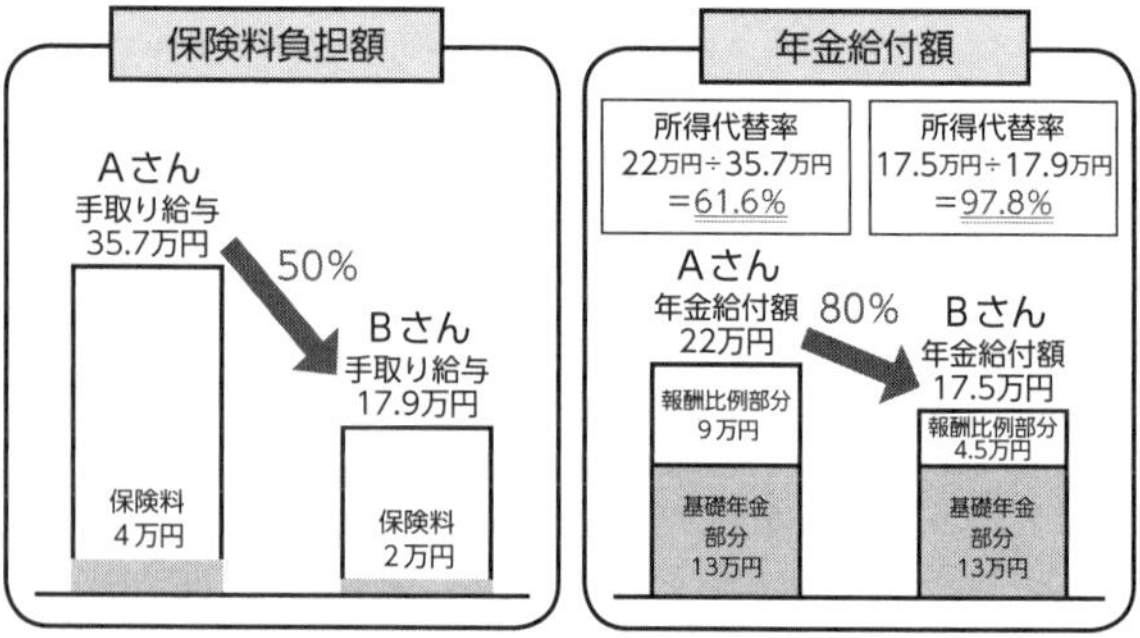

※　厚生労働省　第９回社会保障審議会年金部会（2019年8月27日）資料4掲載のデータを元に
株式会社オフィス・リベルタスが作成

して給料が半分のBさんは2万円となります。ところが年金給付額を見てみましょう。Aさんの年金給付額は22万円であるのに対してBさんの場合は17・5万円です。おや？　Bさんの払った保険料はAさんの半分なのに、支給される年金額はAさんの8割ぐらいとなりますね。これは一体どういうことでしょう。この答えが「基礎年金部分」にあります。

厚生年金保険の場合、給付は報酬比例部分と定額部分に分かれます。報酬比例部分というのは文字通り、給料の額に比例して将来の年金給付額が変わる部分です。言うまでもなくたくさん給料をもらった人は保険料の負担も多くなることで、将来受け取る年金額も多くなります。

一方、定額部分というのは基礎年金の部分で、これは現役時代の給料に関係なく一定金額が支給されます。国民年金の支給額が、払い込み期間が同じであれば全て同じ金額になるのと一緒です。

この例の場合、基礎年金部分は夫婦合計で13万円となります。この金額はAさんもBさんも同じなのです。一方報酬比例部分はAさんが9万円、Bさんが4・5万円ですからこれは払った保険料と同じくBさんの方が半分になっています。合計すると、Aさんの年金支給額は9万円＋13万円＝22万円、そしてBさんの支給額は4・5万円＋13万円＝17・5万円となります。

結果として所得代替率（現役時代の手取りの何％を年金の給付額でまかなえるか）を見るとAさんは22万円÷35・7万円＝61・6％、Bさんは17・5万円÷17・9万円＝97・8％ですから、この場合、何とBさんは現役時代とほとんど変わらない収入を年金だけで得ることができるということになります。夫婦世帯で手取り給与が17万9０００円というのは決して高い給料とは言えません。このように報酬とは関係ない基礎年金部分の存在が厚生年金制度の持つ所得分配機能ということになるのです。

「専業主婦はずるい！」という誤解

ここで取り上げた例はAさんもBさんも片働きという前提です。でも、いわゆる「専業主婦世帯」は今では30％程度と言われていますから、もはやマジョリティとは言えないでしょう。ですから先ほどの試算も「専業主婦世帯をケースとして取り上げているのは働いていないのに年金がもらえる専業主婦の例だからでしょ？　でもそれって不公平じゃないの？」と思う人がいるかもしれません。

サラリーマン、公務員の配偶者で被扶養者の立場の人たちのことを「第3号被保険者」と言いますが、実はこの「第3号被保険者問題」というのは根深いものがあります。その理由は論理的な思考ではなく、感情的な思考になりがちだからです。

仕事を持つ女性から見ると「専業主婦だけ優遇されるのはずるい。私たちは一生懸命働いて保険料を納めているのに、彼女たちは負担を負わずに年金がもらえるってちょっとおかしくない？」と言う人が多いでしょう。逆に専業主婦の立場の人から見れば、「主婦の業務をわかっていないんじゃない？　夫が何もしてくれないから全部私たちがやっているのよ。それでいて給料なんか一銭ももらってないんだから年金ぐらいはくれるのは当たり前でしょ」と言いたくなるでしょう。

しかしこれはエスカレートすると感情論になってしまいます。実は夫婦でも単身でも、そして専業主婦（夫）であれ、共働きであれ、一人あたりの賃金水準が同じであればどんな形の世帯であっても年金給付の月額と所得代替率は同じになるのです。

図24をご覧ください。ここで、①「夫のみ就労の夫婦世帯」、②「共働きの夫婦世帯」、そして③「単身世帯」の3つのパターンで考えてみましょう。

まず夫だけが働いている夫婦世帯で夫の収入が40万円だったとします。次に共働きの夫婦世帯の収入がそれぞれ同じ額の20万円ずつだとしましょう。この場合、受け取る年金の総額は両方とも同じになります。

前述のように、基礎年金はどんな立場であっても定額なので同じです。厚生年金の報酬比例は40万円の場合は20万円の2倍の給付があるため、パターン①の世帯と②の世帯

図24　世帯のパターン別年金給付のイメージ

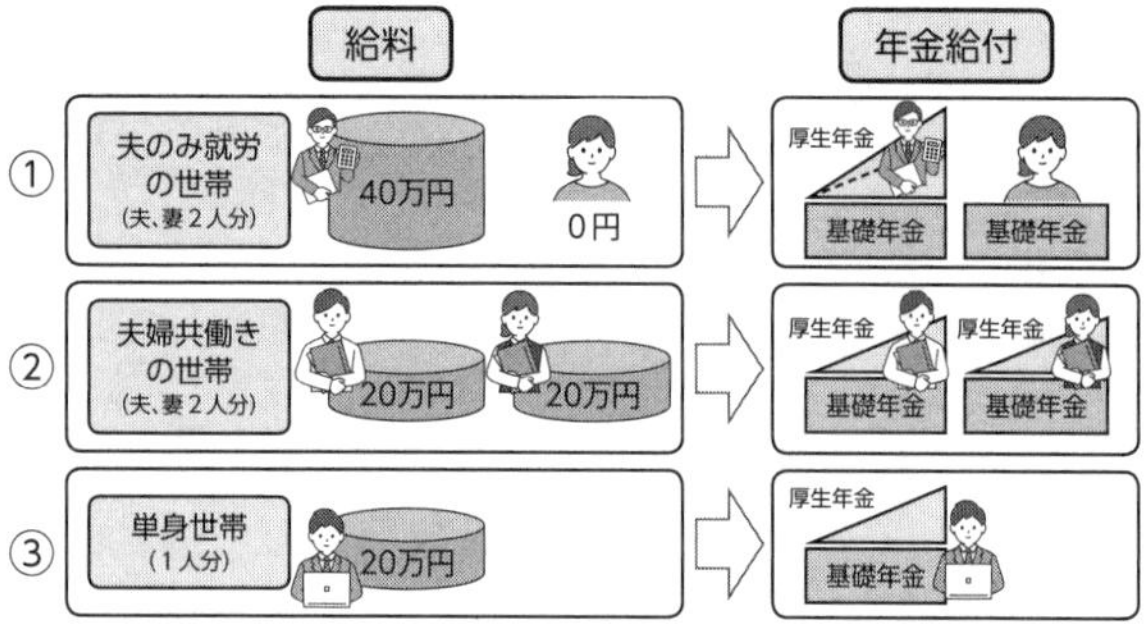

の場合、年金給付額は同じになります。

では③の単身世帯の場合はどうか？　この場合も給料が20万円であれば②のパターンの１人分と同じ年金給付額となります。つまり、世帯の類型は年金給付の金額には全く関係はありません。１人当たりの給料が同じであれば、どの世帯類型でも同じになるということです。

したがって、後半の最後の方でお話をしますが、年金制度で一番大事なのは「給料が増えること」です。制度は大切ですが、それ以上に大切なのは経済が成長すること、それによって生産性が上がり、国民の所得が増えることなのです。

第5章　年金改革で変わること

1　2022年から始まる新しい制度とは

法律で何が変わるのか?

2020年の5月29日に「年金制度改正法」（正式名称は「年金制度の機能強化のための国民年金法等の一部を改正する法律」）が成立しました。これによってこの法律の大半は2022年から施行されます（一部は2021年から施行されています）。

この法律は2019年の8月に発表された財政検証の結果を受け、その後「社会保障審議会」で議論されてきた内容に基づいて作られたものです。前章でお話ししたとおり、財政検証は言わば年金の健康診断のようなものですから、その結果を受けて、治療するところや予防するところを決めたのがこの法律です。

厚生労働省のホームページ（※1）を見ると、この法律の骨子や何のために法律を作ったかということが書いてありますが、本章ではそれをわかりやすく解説したいと思います。

今回の法改正は全部で5つの部分に分かれます。その5つとは、

1. 被用者保険の適用拡大
2. 在職中の年金受給の在り方の見直し
3. 受給開始時期の選択の拡大
4. 確定拠出年金の加入可能要件の見直し等
5. その他

これらの内、最後の5は主に手続き的なことであり、それほど準備に時間のかかることではありませんので、それらの多くは既に2021年の3月もしくは4月からスタートしています。該当する人たちにとっては重要なことですが、制度全体に大きな影響を与えるものではありませんので、本章での説明は割愛します。

また、4についても老後資金の準備という点では大切な確定拠出年金ですが、本書は「公的年金」への理解を深めることに主眼を置いているため、これも割愛したいと思います。

したがって、本章では1～3について解説します。その前に、全体としてこの改正に込められているメッセージは一体どういうことなのかということを、まず考えてみたいと思います。

何のために改正したのか?

法改正があると、一部のマスメディアやあまり本質をわかっていない評論家などは「制度が持たないから変えるのだろう」とか「改悪だ」と言いがちですが、今回の改正を見る限りにおいては、むしろ財政にとって支出が増える部分もありますので、極めて冷静に今後の社会情勢に応じて制度を変えようとしていることが読み取れます。

厚生労働省のホームページを見ると制度改正の意義として、次のように書かれています。

〈今後の社会・経済の変化を展望すると、人手不足が進行するとともに、健康寿命が延伸し、中長期的には現役世代の人口の急速な減少が見込まれる中で、特に高齢者や女性の就業が進み、より多くの人がこれまでよりも長い期間にわたり多様な形で働くようになることが見込まれます。こうした社会・経済の変化を年金制度に反映し、長期化する高齢期の経済基盤の充実を図る必要があります〉

ここで特に重要な部分は、「高齢者や女性の就業が進むこと」、そしてそれによって「より多くの人が長い期間、多様な働き方をするようになる」ということでしょう。

高齢者の就業が進んでいることは色々なデータを見ても明らかです。中には自嘲気味に「そりゃあ、働かないと食べていけないからさ」という人もいますが、あながちそうとばかりも言えないと思います。なにしろ「人生百年」という流行語があらゆるところに浸透しつつありますし、今の60代や70代の人は昔の同じ年代とは比較にならないほど元気ですから、たとえ経済的に問題がなくても生きがいのために働くという人も多いはずです。私も60代や70代で働く多くの人にこれまで取材してきましたが、働く目的の第一はむしろお金よりも生きがいという人が多かったのです。これは社会全体、とくに社会保険制度にとってはとても良いことです。多くの人が労働参加し、支える側に回る人が増えることによって制度がより厚みを増していくからです。

ところが、このような高齢で働く人にとって年金の制度が経済的に不利益になるのでは、意欲を削ぐことになりかねません。そういった意味でも環境整備することはとても大切です。

女性の働き方を支援できる制度を

一方、女性についてはどうでしょう。働く女性が増えてきているとは言うものの、その多くは非正規やパートによる就業というケースがまだまだ多いようです。もちろん主婦が夫の被扶養者であり続けることで税や社会保険の負担を少なくしたいためにパートで収入を抑えて働いているという人も多いでしょう。

しかしながら、昨年からのコロナ禍のために業種によっては深刻な打撃をもたらし、簡単に職を失うというケースが増えてきています。むしろここからは夫婦であれば従来以上に共働きを選択する人が増えると考えられます。それも可能な限り正規社員で、かつ厚生年金に加入するということが大切になってくるでしょう。

一方、望んでも非正規雇用でしか仕事につけないケースも多いのが現状です。そのような立場で働くということは今の給与だけでなく、将来の年金や、病気や怪我で仕事をできなくなった時の経済的な不安も大きいということを意味します。

まだまだそんな立場で働く人が多いということを考えると、少しでも社会保険の恩恵を受けられるように法整備していくことが求められます。今回の年金制度改正は、そうした世の中の変化に対応するために行われたと言っていいでしょう。

後述しますが、私は今回の制度改正が完全なものとは思いません。とはいえ少なくとも時代に合わせて制度を変える必要があり、それに対してきちんと対応しようとしているということがメッセージとして出てきたということには大きな意味があるのではないでしょうか。

では次の節からは具体的な変更の中身について見ていきましょう。

※1　年金制度改正法（令和2年法律第40号）が成立しました（厚生労働省HP）
https://www.mhlw.go.jp/stf/seisakunitsuite/bunya/0000147284_00006.html

2　厚生年金に入れる人が増える

会社に勤めているのに厚生年金に入れない人

現在、公的年金制度は大きく分けて厚生年金と国民年金があります。この内、国民年金は国民全員に加入の義務がありますので、厚生年金に加入している人も自動的に国民年金に加入していることになります。

厚生年金は被用者保険と言われ、民間企業や官公庁等で働く人が加入対象となっています。一方国民年金は自営業、フリーランス、無職そして学生などが対象です。これらの人たちが国民年金の1号被保険者と言われ、サラリーマンの場合は2号被保険者、そして2号被保険者に扶養されている人が3号被保険者と言われているのはご存じかと思います。

では、厚生年金に加入している人と、国民年金のみに加入している人を比べた場合、将来の年金受給額はどれぐらい違うのでしょう？　厚生労働省が今年の1月22日に「令和3年度の年金額改定」について発表しました（※1）が、それによれば、モデル年金額は国民年金で月額6万5075円、厚生年金だと15万5421円となっていますから、厚生年金の方が2・4倍ぐらい多くなります。

この理由はサラリーマンの場合、生涯現役の自営業と違って定年があるからです。一方、自営業の場合はそもそも公的年金給付額が少ないので、自助努力による資産形成が必要になりますが、これについては自営業者のみが利用できる税制優遇の資産形成制度がいくつもあります。したがってどちらが有利とか不利ということは一概には言えませんが、会社で働いていながら厚生年金に入れていない人がいるとしたら、それは問題ではないかと思います。

「え！　そんな人がいるの？」と思うかもしれませんが、かなり多いのです。

現在、雇用者（どこかに雇われて働いている人≒サラリーマン）の内、正規雇用で働いている人が3539万人に対してパートや非正規雇用の人が2090万人います（※2）。これは雇われて働いている人全体の約4割近くになります。この中で、厚生年金に入っていない人、あるいは入れない人が1050万人いるのです（※3）。

非正規で厚生年金に入れないということは、非常に大きな経済的不安をもたらします。そもそも雇用が不安定であることに加えて社会保険が適用されないことによる経済的不利益が生じるからです。非正規社員の問題になると「同一労働同一賃金」という話題が出てきますが、賃金だけではなく、社会保険でも大きな不公平が存在するということなのです。

厚生年金に入るとどうなるか？

では、実際に厚生年金に加入できるようになることで働く人にとってはどんなメリットがあるのでしょうか。

図25をご覧ください。ここではパート勤務で月の収入が8・8万円の人を例にとっています。現在、この人は厚生年金に入っていませんので、年金は国民年金、そして医療保険は国民健康保険です。両方の保険料を合わせると月に1万9100円の保険料を支

図25　個人の受益と負担（20年加入の場合のモデル）

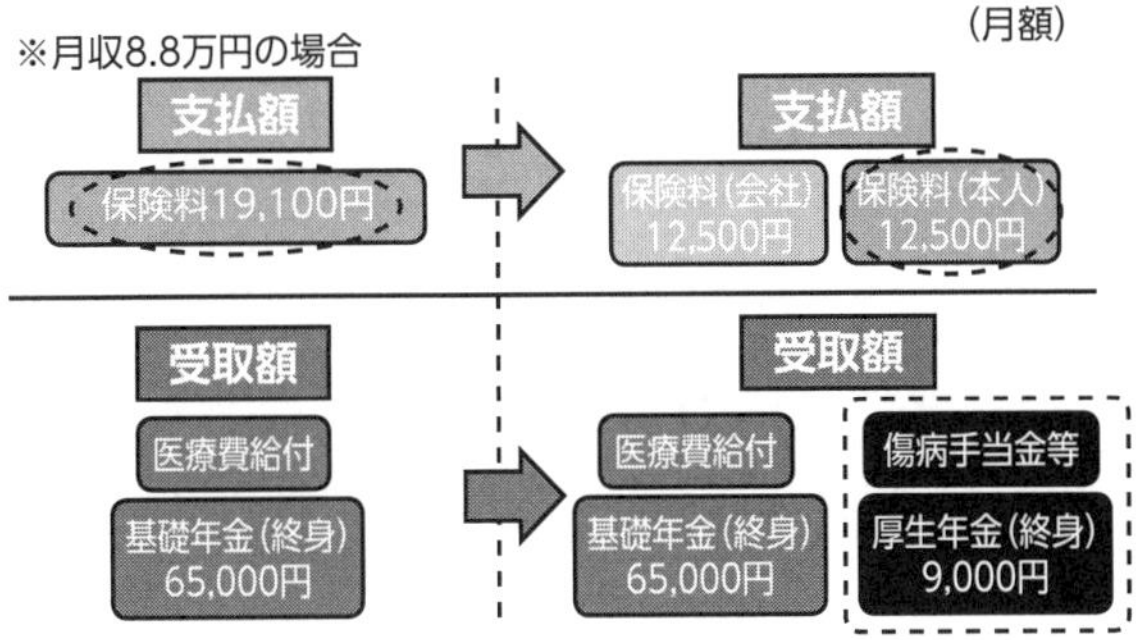

出典：厚生労働省資料より（株）オフィス・リベルタスが作成

払っています。

一方、この保険料を払うことで受けられる給付は、まず病気等になった時の医療費です。一般的には本人負担は3割ですからかかった医療費の7割は保険でまかなわれます。また基礎年金は月額6万5000円が終身で支給されます。

ところが厚生年金に入ると、医療費の給付だけでなく、病気やケガで仕事を休んだ時の傷病手当金や出産の際の出産手当金も支給されます。加えて厚生年金に加入しますのでここでは20年加入というモデルで計算されていますが、毎月9000円がこれに加わって終身で給付されることになります。つまり年金も健康保険も今よりも受益額は多くなるわけです。だからと言って、負担も増えるのか、というとこれは逆で、月額1万2500円ですから負担は3割以上減ります。このからくりは、厚生年金に入ることによって事業主が保険料を半分負担することになるからです。

負担は減る一方で給付は増えるわけですから、働く人にとっては、こんな良いことはありません。ただし、全ての非正規雇用の人が新たに厚生年金に入れるわけではありません。

厚生年金に入れる人がどれぐらい増えるのか

現在、働いている人で厚生年金に加入が義務付けられているのは以下の5つの条件に当てはまる場合です。

①週労働時間20時間以上

②月額賃金8・8万円以上

③勤務期間1年以上の見込み
④学生ではないこと
⑤従業員500人超の企業等

この内、今回の法改正で変わるのは③と⑤です。③の条件は撤廃されます。⑤については撤廃はされませんが基準が変わります。2022年10月からは従業員500人超を100人超の規模まで引き下げます。さらにその2年後の2024年10月からは50人超に引き下げます。これによって加入できるようになる人がどれぐらい増えるかと言えば、「100人超」となった場合、現在に比べて加入者は45万人増えます。「50人超」となった場合は最終的には現在よりも65万人が増える見込みです。

今回は変更がなかった項目、たとえば労働時間の枠や月額賃金の枠も撤廃し、従業員数の基準も撤廃すれば最終的には1000万人を超える新たな厚生年金加入者が加わります。いつの時点でそうなるのかはわかりませんが、今までも厚生年金保険の適用を拡大する施策は継続的に行われてきました。いずれその方向に向かうのではないかと私は思います。

負担できない会社に存在意義はない

雇用をめぐる現在の大きな問題は非正規雇用が多いことではなく、その待遇が正規雇用に比べて不公平であることだと思います。社会的に一番弱い立場のパート・非正規社員が国民年金しか利用できないということです。このような社会保険の適用除外があるために社会保障が差別的となり、社会の分断を生み、社会的な弱者を生む原因のひとつになっているのです。38ページで公的年金の役割は「防貧機能」にある、と述べましたが、厚生年金の適用を拡大することによってこうした社会的弱者の防貧機能を果たすことができます。

一方で適用拡大は、中小企業の経営にとって負担が大きくなることは事実です。そういった観点から反対意見も出てきていますが、私に言わせるとこれは本末転倒な主張だと思います。事業主は従業員に対して適正な報酬を支払うべきです。この場合の報酬は毎月の賃金だけでなく、社会保険も当然、その中に含まれます。企業経営者が自社の従業員の将来のしあわせを考えていないのであれば、その企業が存在する社会的意義はあ

図26　主要各国の平均年収の伸び

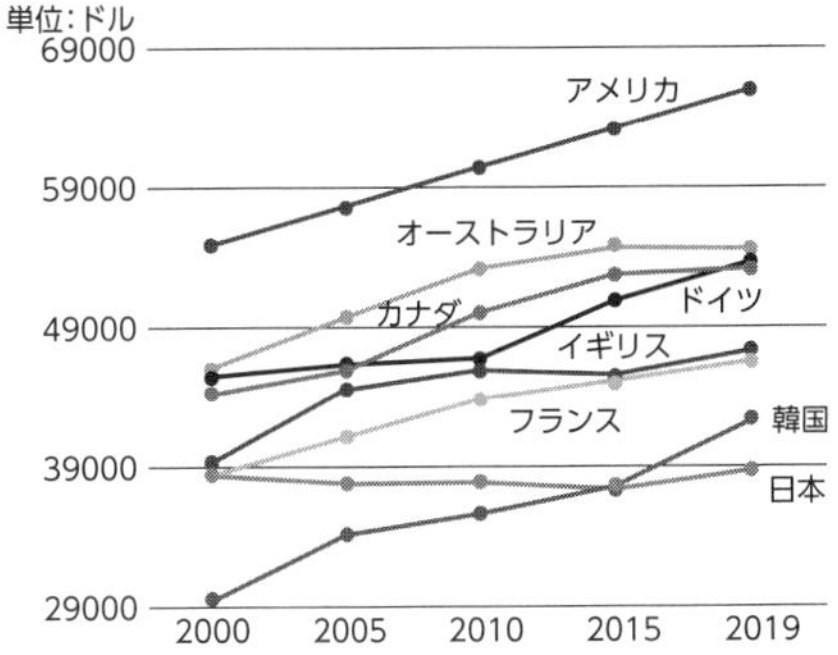

※OECDの平均賃金の国際比較表　2019年、購買力平価換算
(出典:OECD Data Average wages)より株式会社オフィス・リベルタス作成

りません。

　また、日本は長い期間にわたってデフレが続き、経済の成長も停滞しています。図26を見てもおわかりのように諸外国と比べて日本はこの20年間、働く人の給料はほとんど増えていません。その最大の理由は生産性の低さ、すなわち儲ける力を持った企業が少ないからです。

　私はこの生産性の低さが今の日本の最大の問題点だと思っています。生産性の低い会社はどんどん淘汰されていくべきでしょう。救うべきは社員の生活であって会社ではありません。政府の成長戦略会議の議員を務める小西美術工藝社社長のデビッド・

アトキンソン氏は「最低賃金をもっと引き上げることが経済の成長につながる。経営力と競争力がない中小企業を淘汰・統合するなどの政策を行うべき」と主張しています。また、立命館アジア太平洋大学学長の出口治明氏も「社会保険料を負担できない経営者に人を雇う資格はない」と言います。これらの意見については私も全く同感です。

中小企業に厚生年金の適用拡大が行われた場合、経営者の取る道は2つです。1つは保険料を払えないからといって会社をたたんでしまうか、もう一つは頑張って収益性を高め、社員の将来のしあわせのために保険料を払うかのどちらかです。結果として残った企業の生産性は高くなります。

厚生年金の適用拡大というのは、すなわち「経済の成長戦略」だと言っても差し支えないと思います。

※1　厚生労働省プレスリリース

https://www.mhlw.go.jp/content/12502000/000725140.pdf

※2　労働力調査（基本集計）２０２１年１月　総務省統計局

https://www.stat.go.jp/data/roudou/sokuhou/nen/ft/pdf/index1.pdf

※3　第15回社会保障審議会　年金部会　資料2

https://www.mhlw.go.jp/content/12601000/000580825.pdf

3　働いても年金が減らない

見直しのタイミングを変える

２０２０年の年金制度改正法で新しく変わったことの２つ目は「60歳以降に働く場合、年金の受給に関して今までよりも有利になる」という点です。具体的に言うと「在職定時改定の導入」と「在職老齢年金（制度）の見直し」という2点です。言葉が法律用語で難しいので、もう少しわかりやすく説明します。まずは簡単な方からいきましょう。最初の「在職定時改定の導入」についてです。

65歳になると、一定の条件を満たした人には老齢厚生年金を受け取る権利（受給権）が発生します。ところが最近は65歳以降も働く人が増えており、受給権を取得した人でも引き続き厚生年金に加入して働く人が一定割合いるのです。令和元年度の数字で見ると、65歳以上で厚生年金の被保険者になって働いている人は約１５０万人います。その

図27　2022年10月以降の新ルール

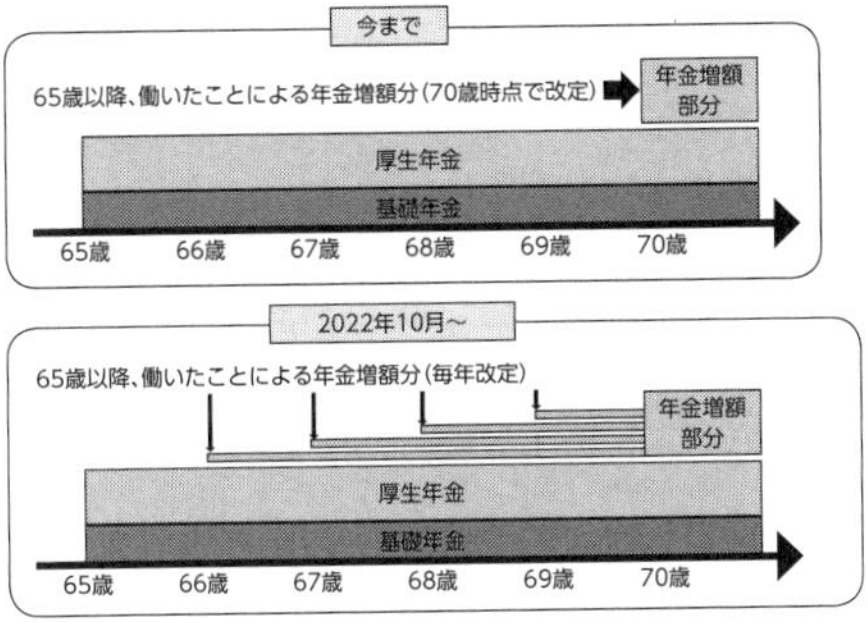

出典:厚生労働省資料より(株)オフィス・リベルタスが作成

割合は男性で全体の13・1%、女性だと9・8%となっています（※1）

65歳以降も働いて保険料を納めるわけですから、65歳で働くことを止めてしまった人に比べれば将来の年金支給額は当然増えます。もちろんどれぐらいの収入があるかによってどれぐらい増えるかは変わってきますが、計算のルールは決まっています。

図27をご覧ください。この図の上の部分が現在のルールです。厚生年金は70歳まで加入することができますので、65歳以降働いた分の年金額が増額されます。ところが年金増額部分の支給は70歳に到達した時、あるいは70歳手前でも退職した時から支払

われることになります。これは「退職改定」と呼ばれています。

今回の改定では、65歳以上の人については70歳まで、あるいは退職時まで待たなくても、すなわち在職中であっても毎年1回年金額の改定を行うということになりました。図でイメージすると図27の下の部分のようになります。これは60代後半になっても働く人が増えてきていることから、働いたことによる効果が退職を待たずして早期に年金額に反映されることによって、年金を受け取りながら働く人に経済的なメリットが生じるようにするためです。

では具体的にどれぐらいの効果があるかというと、仮に月額20万円で1年間働いた場合には年間1万3000円程度が増額されます。前述のように2018年度末では65歳以上で働く人の数は約150万人だそうですので、それらの人にとっては従来より有利になるということです。これによって年金財政からの支出は従来よりも800億円ぐらい増えますが、高齢で働く人は今後とも増えるでしょうから、この決定は良いことだと思います。

働いても年金が減らない

２つ目が「在職老齢年金制度の見直し」です。「在職老齢年金」というのは働きながら年金を受け取る場合、給料と年金受給額の合計が一定金額を超えると年金支給額の一部又は全部が停止になるという制度です。ちなみに、「給料」と書きましたが、自営業の人はこの「在職老齢年金」は適用されません。

この在職老齢年金は２つの部分に分かれています。60～64歳までの在職老齢年金制度を「低在老」と呼び、65歳以上のそれを「高在老」と言います。具体的な金額で言うと、「低在老」の場合、総報酬月額相当額と老齢厚生年金の基本月額の合計が28万円を超えると年金の支給額が一部又は金額によっては全額が停止となります。「高在老」の場合は、その基準額が47万円となります。今回の改定ではこの「高在老」に関しての変更はなく、「低在老」に対して基準額が28万円から47万円へ上限が引き上げられました。

ここでひとつの疑問が出てきます。「低在老って60～64歳までということだけど、年金の支給開始年齢って65歳ではないのか？」ということです。

たしかに現在の年金支給開始年齢は65歳ですが、歴史的に見れば、もともとは老齢厚生年金の支給開始年齢は60歳でした。それが2000年の法改正によって65歳からに引き上げられることになったのです。

これによって男性の場合は、2013年度から2025年度にかけて少しずつ引き上げが行われています。全て移行するのは男性の場合は2025年、女性の場合は5年遅れて2030年になるため、一部の人は今でも65歳以前で「特別支給の老齢厚生年金」という形で支給されているのです。今回の改定はこれらの人たちが対象となります。

では、実際にどれぐらいの人にメリットが出てくるのでしょうか?

厚生労働省の資料（※2）を見ると、2019年度末での在職受給権者、すなわち60歳~64歳までで年金を受給する権利があって働いている人の数は約120万人です。このうち、現在の基準で支給停止になっている人は約67万人ということなので、働く人の半数強が停止されていることになります。

これが基準額を28万円→47万円に引き上げると、支給停止になる人がどれぐらいになるかというと2022年度末の推計ですが約11万人となります。現在に比べると50万人以上が減少します。ただ、これからも支給開始年齢引き上げのスケジュールは進んでいきますので、最終的には60～64歳までの年金受給者は居なくなりますから、「低在老」という概念自体が消滅します。

したがって、今回は改定が行われませんでしたが、本来であれば65歳以上の在職老齢年金についても見直しの議論が必要なのではないかと思います。

「所得再分配機能」との折り合いをどうつけるか

在職老齢年金を見直すことの意義は、「働いても年金が減らない」ことから就労意欲が高くなることが期待され、働き手が増えるというところにあります。働く人が増えることによって制度を支える側の人が増えることは制度全体にとって良いことですから、基本的には在職老齢年金は制限を緩和していく方が良いと思います。

ただ、やはり一定の制限は必要ではないかと、個人的には思っています。その理由は公的年金の持つ役割のひとつが「所得再分配機能」にあるからです。実際にデータを見てみると65歳以上の高齢者で月額80万円以上の賃金のある人も2%います。コロナ禍で実施された「特別定額給付金」の時も議論がありましたが、十分な収入と資産のある人には、少し社会へ還元してもらうという考え方はあっても良いのではないでしょうか。

どこまでを上限にするか、収入と資産の何を基準にするか、については難しい部分があるとは思いますが、いずれ議論はあっても良いと思います。

※1　令和元年度　厚生年金保険・国民年金事業の概況（厚生労働省　年金局）
https://www.mhlw.go.jp/content/000706195.pdf

※2　第11回社会保障審議会年金部会　資料1　（2019年10月9日）
https://www.mhlw.go.jp/content/12601000/000555792.pdf

4　年金の受け取り方の選択肢が増える

国は受給開始年齢を遅らせたい？

年金の支給開始年齢は65歳ということは良く知られています。もちろん誕生年月日によっては65歳よりも早く支給開始される人たちもいますが、これもあと数年経てば以後は全て65歳からの支給開始となります。

ただし、これは支給する側からの話であって、受け取る側、すなわち受給を始める時期というのは割と柔軟な設定になっています。現在は60歳から70歳までの10年間の間にいつでも好きな時期に受け取り始めることができるようになっています。今回の年金制度改革法では、この受取開始時期を選べる幅を広げることが決まりました。具体的に言えばその幅を5年広げ、60歳から75歳まで、15年間の間、いつでも受給開始できるようにしたのです。

ところがこの措置についても多くの誤解があるようです。「今回の改正は年金の支給開始年齢をいずれは70歳まで遅らせるようにするための下工作だ」とか「選択肢を広げるというけど、結局遅らせた方が国にとっては有利だからだ」といったようなコメントが雑誌の記事やＳＮＳ等でも散見されるからです。しかしながら、これは全くの誤解です。

65歳までの引き上げすらまだ終わっていない

まず、年金支給開始年齢の引き上げについてですが、これは今のところはまずあり得ないだろうというのは歴史を見ればわかります。

厚生年金の支給開始年齢は、１９４４年の時点では男女共に55歳でした。それが改正されたのは１９５４年で、この時は男性だけで、55歳から60歳までを１９５７年から16年間かけて引き上げていきました。この引き上げが完了してから16年後、１９８９年の改正で男女共に支給開始年齢を65歳にすることが決まりましたが、実施時期はまだ決まっていませんでした。１９９４年にようやく定額部分を２００１年から12年かけて実施（女性は２００６年から12年かけて実施）、報酬比例部分は２０００年の改正で２０１３年から12年かけて（女性は２０１８年から12年かけて）65歳にすることが決まったのです。

支給開始年齢の引き上げの歴史を長々と書きましたが、要するに支給開始年齢を引き上げるというのはそんなに短期間でできるものではないということです。55歳から60歳までの引き上げに要した期間は、20年、そして60歳から65歳までの引き上げは決定してからすでに32年が経過していますが、まだ終わっていません。

このように、年金の支給開始年齢を変えるのは非常に時間がかかります。年金というのは、非常に長い期間にわたって保険料を納めていくからです。ずっと払い続けてきたのに急に来年から開始年齢を引き上げるということは現実には不可能なのです。相当な時間をかけ、さらに経過措置として「特別支給の老齢厚生年金」といった制度も併せて作りながら徐々に変えていくしかありません。そして２０２１年現在進んでいる引き上げが全て完了するのは２０３０年ですから、９年後です。

将来平均寿命が90歳とか100歳という時代が来れば再び引き上げが検討されるでしょうが、その時期は少なくともこれから10年や20年の内に来ることはないでしょう。今の現役世代の多くの人たちにとっては支給開始年齢が65歳というのはほぼ既定の事実と考えて良いと思います。

また、受給開始時期を遅らせた方が国にとっては有利になるというのも間違いです。65歳から70歳まで受給開始を遅らせる場合、1カ月ごとに0・7％ずつ支給額が増えます。5年間遅らせると42％増えることになるのです。これがもし受給開始を遅らせても支給額が変わらないのなら、国が有利になるというのもわかりますが、遅らせた分だけ支給額は増えますし、逆に「国に早くたくさん払わせてやろう！」と思って60歳から受給を開始しても1カ月につき0・5％ずつ減りますから、5年早めると受取額は30％減ります。

年金制度の収支というのは数理計算によって決められていますので、結局、受給開始時期は遅らせても早めても財政的には中立になるように設計されているのです。

ちなみに今回の改正では繰り上げの場合、1カ月ごとに0・5％減額ではなく0・4

%となりましたので、5年繰り上げると減額幅は30%ではなく、24%となります。これも別に大盤振る舞いをしたわけではなく、数理計算で年金財政的には中立となるので変更になったというだけのことなのです。

受給開始時期の選択肢が広がる意味

受給開始時期を選択できるという事実は最近では比較的よく知られるようになりましたが、その際に必ず出てくる話題が「何歳から受け取るのが得か?」という話です。私も雑誌の取材でよくこの手の質問を聞かれることがありますが、そんな時、私は質問者に対して「あなたは何歳まで生きるということが決まっていますか?　それを教えてくれたら何歳から受け取るのが得か計算してあげます」と答えるようにしています(笑)。

そんなこと誰もわかりませんよね。たしかに繰り上げ、繰り下げの場合と65歳受給の場合に受け取り総額が何歳で逆転するかというのは計算することは可能です。

しかし、それを計算しても意味があるのでしょうか?　60歳から繰り上げで受給した場合、長生きすればするほど65歳から受け取り始めた人との差が開いていきます。繰り上げで得をするのは、早く死んだ場合です。

逆に繰り下げで受給を待機している最中に死んでしまったら年金は1円も受け取れませんから、たしかに損ですね。しかし、そもそも死んでしまったら得も損もありません。年金の本質は「保険」、それも長生きした結果、お金がなくなってしまうというリスクに備えるためのものですから、可能であれば繰り下げをして晩年に受け取る金額を手厚くしておく、すなわち保障額を大きくしておいた方が安心なのではないかと私は考えます。実際に私も現在69歳ですが、働いて厚生年金保険料を納めており、年金はまだ全く受け取っていません。

要するに、年金受給開始時期を決めるのは、損得ではなく自分のライフプランをどうするかで決めるべきなのです。今回、選択肢が広がった背景も単に平均寿命が伸びたというだけではなく、それに伴ってライフプランが多様化してきたということだと思います。

今回の改正で受給開始時期が75歳まで拡大されましたが、もし受給開始を75歳にすれば受給額は65歳から受け取り始めるのに比べて84％増えます。これだけ増えれば老後の生活はかなりゆとりができると思います。

だからといって、誰もが75歳にする必要はありません。たまたま定年後も仕事を続けることができ、70歳を超えるまで働くことができるのであればそういう選択肢もありますが、逆に60歳で定年を迎えた後は、のんびりと過ごしたいのであればそこから年金を受け取り始めたってかまいません。そのあたりは次章で詳しくお話しするつもりですが、その人が仕事を何歳まで続けるのか、どんなスタイルで生活をするのか、家族構成はどうなのか、といった項目によって受け取り方の選択肢は変わってきます。

さらに言えば、公的年金だけが老後の生活をまかなう唯一の手段というわけではありません。土台であることは間違いありませんが、それ以外にもサラリーマンなら企業年金のある場合もありますし、個人でｉＤｅＣｏやＮＩＳＡ等の資産形成手段を使って老後に備えてきたお金もあるでしょう。その金額の多寡や内容によって公的年金の受け取り方は変わっても良いと思います。

大事なことは「個人の多様なライフプランに合わせた計画が組めるように制度の選択

肢が広がった」ということです。これこそが今回の法改正による受給開始時期選択肢拡大の意義だろうと思います。

第6章　公的年金をうまく活用する

1　年金の受け取り方で注意しておくべきこと

年金繰り下げは良い方法だけど……

　さて、ここまでは本書の大きな目的である「年金の正しい理解」についてお話ししてきました。とはいえ、やはり公的年金という制度は正しく理解するだけではなく、それを上手に活用することが必要です。そういったことについてはＦＰの方が詳しいかと思いますが、せっかくなので、実際に公的年金を受け取った経験もある私が考える年金の有効な活用方法について私なりの方法や考え方をお話ししたいと思います。

　前章の最後に年金受給開始時期の選択肢が広がる（２０２２年10月から）というお話をしました。実際にここ数年、繰り下げ受給をする人は増えてきています。厚生年金の場合、２０１４年度は繰り下げ受給を選んでいる人は1万人でしたが、２０１９年度は２・５万人ですから5年間で約２・５倍になっています（※１）

もちろん、前章でお話ししたように年金受給の時期はいつが一番良いというものではなく人それぞれで良いわけですが、やはり年金の本質が老後の生活をまかなうための保険であることを思えば、可能であれば繰り下げて後になるほど厚く支給される方が好ましいと考える方が良いでしょう。但し、いくつか注意しておくべき点はあります。

①　繰り下げ中は加給年金等が受け取れない

一定の条件はありますが、夫が65歳になった時点で妻が年下の場合、妻が65歳になるまでは「加給年金」が受給できます。夫と妻の立場が逆の場合でも同様です。金額は年間で最大39万円ほどですが、夫（妻）が年金を繰り下げている期間は、この加給年金が支給されません。

ただ、加給年金が支給されるのはあくまでも老齢厚生年金なので、厚生年金は繰り下げをせず、基礎年金分だけを繰り下げすることもできます。年の差婚の場合、39万円×年齢差が大きければ、こういうやり方も検討すれば良いでしょう。

② 42%がまるまる増えるわけではない

70歳まで繰り下げをすると65歳からの受給額に比べて42%増額されます。ということはつまり年収が増えることになりますので、税金や社会保険料も同様に増えます。したがって42%がまるまる増えるわけではありません。

ではどれぐらいかというと、これは他の収入にもよるため、一概には言えませんがおよそ1割か2割ぐらいは減少しますので、手取りベースでは36~38%ぐらいの増加に留まると思います。

③ 遺族厚生年金は増えない

妻が長らく専業主婦だった場合は夫が死んだ後、遺族厚生年金を受けることになりますが、その場合は夫が65歳時点での年金額をベースにしますので、繰り下げをしていても増えることはありません。

このように繰り下げの場合に注意しておくべきことはありますが、それでも人生の後半部分での安心感は大きいと思います。最初から「早くもらった方が得だ」と考えるのではなく、自分の状況に合わせて「繰り下げ」も選択肢として考えた方が良いのではないでしょうか。

繰り下げは最初から〝いつまで〟と決めておく必要はない

それから、これは勘違いしている人もいると思いますが、年金の受給を遅らせるのに特別な手続きが必要なわけではありません。65歳になる3カ月前に日本年金機構から「年金請求書」が送られてきますが、ここで何も手続きをしなければ自動的に受給時期は繰り下げとなります。「いつまで繰り下げる」ということも別に表明する必要はありません。66歳でも69歳でも、自分の好きなときに手続きをすれば良いのです。

それと支給請求の方法ですが、実は2通りの方法があります。ひとつは今までお話ししてきたように給付額を増額で受け取る方法です。1カ月繰り下げるごとに0・7%ずつ増額されますので、5年繰り下げると42%増額ということでしたね。でももうひとつのやり方は、それまで繰り下げてきた期間の分をまとめて受け取るという方法です。

たとえば68歳まで3年間繰り下げしてきたとします。ところがその時点で何らかの事情でまとまったお金が必要になった場合はそれまで受け取っていなかった3年分の年金をまとめて受け取ることができるのです。65歳時点での給付額が月額で15万円だった場合、15万円×12カ月×3年＝540万円となります。この金額をまとめて受け取ることができます。ただし、その場合は以後の受取額についての割り増しはありません。この2つの方法の内、どちらでも自分に都合の良い方を選べばいいのです。

こう考えると年金の受給というのはかなり融通の利く制度になっていることがわかります。人生では何が起きるかわかりません。当初は70歳まで繰り下げる予定だったのが途中で大きな病気をしたり、災害で家が大きな被害を受けてしまったりした場合に保険だけではカバーできないこともあるでしょうから、そんな時にまとまったお金を手にすることができるのはありがたいでしょう。

これもあらかじめ決めておく必要はなく、そういう事態が起きた場合にどうするかを選択すればいいわけです。

繰り上げの受給はより注意しておくべし

繰り下げ受給について、そのメリットや注意点をお話ししてきましたが、逆に65歳よりも以前に繰り上げで受け取ることもできます。

世の中には「年金なんていつ破綻するかわからないのだから、もらえるものは早くもらっておいた方が良い」という人がいます。本書を読んでこられた方は年金が破綻するなどということはあり得ないことはおわかりいただいていると思いますが、本気でそう信じているのかどうかは別として、相変わらず早く年金を受け取りたいという人は一定割合いるようです。

もちろんその人のライフプランに合わせて早く受給開始することは、悪いことではありません。ただ、繰り上げで受給すると色々とデメリットがあることは知っておくべきです。

① 減額された支給額が生涯続く

多分これが最大のデメリットでしょう。1カ月繰り上げるごとに0・5%(2022年4月からは0・4%)減額となりますので、もし最長5年早く、60歳から受給開始すると30%(同24%)減額になります。そしてこの減額された支給額は生涯続くので、長生きすればするほど、65歳から通常に受給した人との差はどんどん開いていきます。

② 障害年金が受給できなくなる

これも結構大きなデメリットです。病気やケガなどで障がいの状態になって、生活や仕事に制限が出た場合、給付要件を満たせば障害基礎年金が受給できますが、年金を繰り上げて受け取っていると、障害基礎年金は請求できません。障害基礎年金は受給額が手厚いですし、高齢になるとケガや病気になる確率が高まりますので、注意が必要です。

また、寡婦年金も支給されなくなります。

③ 国民年金の任意加入ができなくなる

以前は学生が強制加入でなかった時代がありましたので60歳になっても国民年金の保険料を納めた期間が40年（480カ月）に満たず老齢基礎年金の額が満額になっていない人がいます。これらの人は60歳以降に任意加入することで年金受給額を増やすことができますが、繰り上げ受給を開始すると「年金受給者」の立場になるため任意加入ができなくなるのです。

④　老齢基礎年金と遺族年金のどちらかを選択

老齢厚生年金を受け取っていた夫が亡くなったときに、妻は遺族厚生年金を受け取れます。ところが、妻が自分の老齢基礎年金を繰り上げして受け取り始めた後に夫が亡くなると、60代前半は自分の年金と遺族厚生年金は併給できずどちらかを選ぶことになります。

通常は額が大きい遺族厚生年金を選ぶので、繰り上げたはずの自分の年金はもらえなくなります。65歳からは両方受け取ることができますが、基礎年金の方は繰り上げで減額された金額が適用されることになります。

繰り下げにしても繰り上げにしても、一旦受給を開始するとその後に変更はできません。これらの注意点やデメリットはよく考えた上で判断するようにしたいものです。年金を繰り下げている間に死んだら損だとよく言われます。しかし、繰り返しになりますが死んでしまえば損も得もありません。

そこで、年金相談の現場から出てきた格言にこういったものがあることも知っておいてください。

「繰り下げで後悔するのはあの世、繰り上げで後悔するのはこの世」

※1　令和元年度　厚生年金保険・国民年金事業の概況（令和2年12月）
https://www.mhlw.go.jp/content/000706195.pdf

2　繰り下げ以外で年金の受取額を増やす3つの方法

公的年金でも増額可能!?

世の中で出回っている記事やFPの人などが公的年金について話す場合、「公的年金は決まった金額しか支給されない」と語られることが多いようです。

ところが、公的年金もやり方によっては増やすことは可能なのです。最もその効果が大きいのは前節でお話しした「受給開始時期の繰り下げ」です。70歳まで繰り下げると42%、そして75歳まで繰り下げると何と84%増額になるというのはかなり大きな数字です。もちろん前節でも説明したように繰り下げについては注意すべきポイントはいくつもあります。ただ、年金の受取額を増やすという点においては、最も効果的な方法であることは間違いありません。

この節では、「繰り下げ」以外にも年金の受取額を増やすための方法をいくつか具体的に考えてみたいと思います。ただし、ここでは原則として、その対象をサラリーマンの場合を中心としてお話をしたいと思います。

方法1：収入を上げる

サラリーマンが加入しているのは厚生年金です。厚生年金には「定額部分」と「報酬比例部分」があります。65歳になって老齢年金を受給し始めると、定額部分は老齢基礎年金に移行し、報酬比例部分が老齢厚生年金となります。定額部分は文字通り、金額は決まっていて加入していた月数に比例するだけですから収入が多い少ないは関係ありません。

ところが報酬比例部分は、名前の通りその人の給与の多寡によって将来の支給額は変わってきます。具体的な支給額の計算方法は日本年金機構のホームページに載っていますので、参考にしていただければ良いでしょう（※1）。給料に比例して増えるのであれば、当然仕事を頑張って昇給すればその分、将来の年金支給額も多くなります。さらに早くから昇給している方が当然、金額は増えます。

結局、給料の多いか少ないかは現役時代の暮らしだけではなく、老後の暮らしにも影響を与えることになるのです。したがって、やはり頑張って給料を上げることはとても重要なことですね。

方法2：夫婦ともに厚生年金に入って働く

2つ目の年金額を増やす方法、それは夫婦であれば、共働きをすること、それも両方が厚生年金に加入することです。よく「専業主婦は2億円損をする」と言われますが、これは生涯賃金で見た場合、共働きと片働きではそれぐらいの差が出てくるということを意味します。事実、「労働政策研究・研修機構」というところが2019年に出した資料（※2）によれば、大卒で正規社員の場合の男性の生涯賃金は平均で約2億6000万円、女性の場合では約2億1700万円となっています。

これは生涯賃金だけですが、年金の場合も大きな差が出てきます。妻がずっと専業主婦だった場合のモデル年金額は夫婦２人で月額約22万円ぐらいですが、単身の場合だと15万円程度になります。現在はまだ残念ながら女性の方が平均的な生涯賃金は少ないため、仮に年金支給額が妻の分が12万円だとすると夫婦合計で27万円となります。片働きと比べると月額で５万円増えるとすれば65歳から90歳までの累計金額では１５００万円もの差が付きます。

もちろんそのためには夫婦で家事や育児を分担する必要がありますし、これはライフスタイルの考え方の問題なので一概には言えませんが、こと経済的な問題、この場合は「年金額を増やす」という点に限って言えば、共働きで収入を増やすというのは極めて大きな効果を生むと思います。

方法3：長く働く

基礎年金は原則60歳までしか加入することはできませんので、加入月数には４８０カ月という上限があります。ところが厚生年金にはこの上限がありません。60歳以降も働いて厚生年金に加入を続けることができます。もちろん原則は70歳までですが、そこまで働けば10年間の保険料納付期間が増えます。

どれぐらいの収入かによって金額は変わってきますが、年間で10万〜20万円程度は増えますから、できるだけ長く働くことで年金支給額は増加します。特に年金額を増やすという観点で考えると70歳までは働いた方が良いでしょう。60歳で仕事を辞めてしまうというのは平均寿命が65〜70歳の頃の話です。会社を辞めて人生の晩年の5年か10年を年金で暮らす、という時代だったからです。

今の平均寿命は男性が81・4歳、女性が87・5歳と言われていますが、これはあくまでも平均寿命の話です。「寿命中位数」というデータがあります。これは同じ年に生まれた人の半数がまだ生存しているという年齢のことですが、それによると男性は84・4歳、女性は90・2歳となっています。つまり二人に一人はこの年齢まで生きているということです。であるならば、今の時代は70歳まで働くのも不思議なことではありません。働ける内はできるだけ長く働いて年金を増やすということを考える時代になってきているのではないでしょうか。

60歳以降も国民年金に任意加入

これらはいずれも自分の力で将来の年金受給額を増やす方法ですが、さらに追加すべき方法もあります。それは、60歳以降も国民年金に任意加入することです。

もっとも、これは誰でも加入できるというわけではありません。ただ、たとえばサラリーマンの場合、20歳になってからも学生時代に年金保険料を払っていなかったために満額期間、加入しなかった人もいます。そういう人は年金支給額が少なくなるため、60歳以降に４８０カ月の期間に到達するまでは、国民年金に任意加入すれば年金額は増えます。ただし、60歳以降も厚生年金に入って働く場合は、任意加入はできません。

また、自分で年金を増やす方法としては「付加年金」という制度がありますが、これは主に自営業などの人向けのものでサラリーマンの場合はほとんど利用できる人はいませんので、次の節で少しだけ触れるようにいたします。

※１　報酬比例部分の計算（日本年金機構のホームページ）
https://www.nenkin.go.jp/service/yougo/hagyo/hoshuhirei.html
※２「ユースフル労働統計２０１９」（独立行政法人　労働政策研究・研修機構）
https://www.jil.go.jp/kokunai/statistics/kako/2019/documents/useful2019.pdf

3　公的年金をどう活用するか

老後のお金は「三重の塔」

さて、この章では公的年金を受け取る際に注意すべきことや、自分自身で公的年金の受給額を増やすためにはどうすればいいかについてお話をしてきましたが、この節では老後の生活をおくるために公的年金をどう活用するのがいいか？　その位置付けと活用法についてお話をしたいと思います。

私は現在69歳で、公的年金はあと少しで受給を開始します。勤めていた会社を定年退職したのが60歳で、定年後半年の再雇用を経て起業しました。再雇用の間は週3日勤務だったので厚生年金には加入していませんでしたが、起業後は株式会社を設立したので、現在も厚生年金加入者です。

そんな私が60歳から10年経過し、定年後の生活をリアルに体験して感じるのは、「老

図28　老後の生活をまかなうお金は三重構造

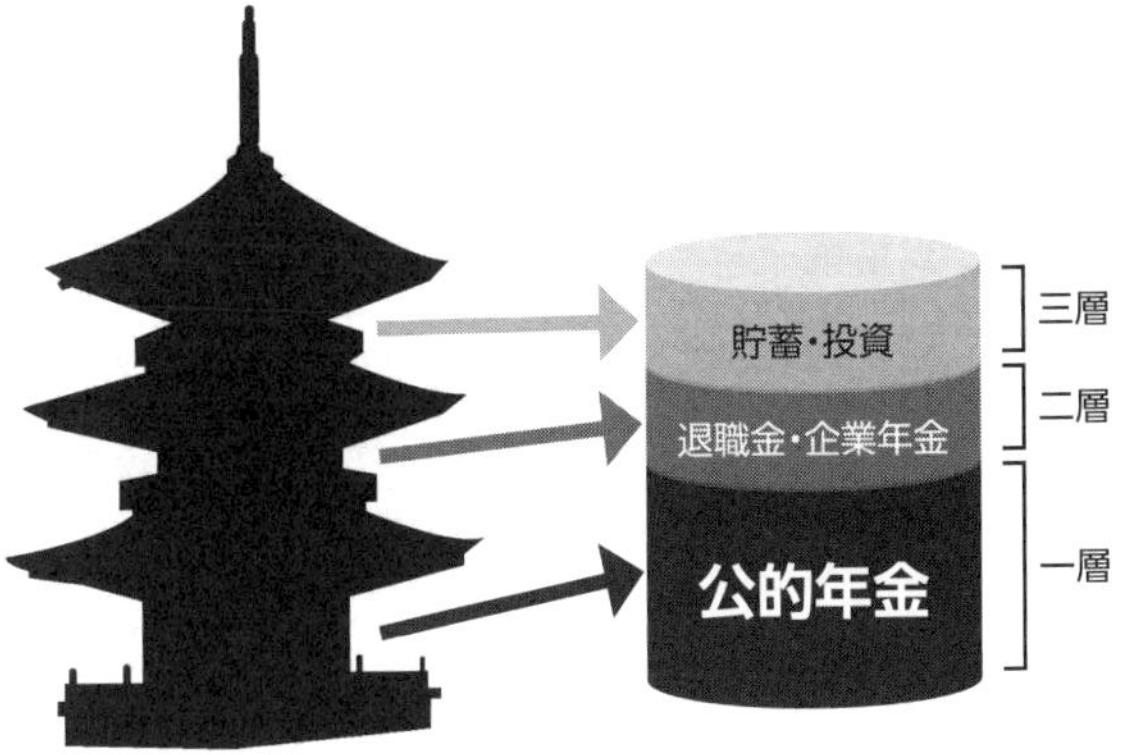

後のお金は三重の塔」だということです。これは具体的にどういう意味なのでしょう？

図28をご覧ください。要するに老後の生活をまかなうためのお金は三層構造になっているということです。まずは一番土台になる部分、これが「公的年金」なのです。まずはこの金額がどれぐらいになるのかを計算します。

図29を見てみましょう。年金受給額というのはケースバイケースで人によって異なりますので、この通りになるわけではありませんが、試算の前提としては公式に発表されている年金や退職金のモデル金額で計

図29　パターン別年金受給額モデル

	世帯状況	年金月額（A）	累計受給額（65歳〜90歳迄）
パターン①	夫婦の内、片方だけが厚生年金に加入して働いている	22万496円	6,614万8,800円
パターン②	単身者の世帯	15万5,421円	4,662万6,300円
パターン③	夫婦ともに同じ賃金で厚生年金に加入して働いている	31万842円	9,325万2,600円
パターン④	自営業（１人分）	6万5,075円	1,952万2,500円

※令和３年度年金額改定（厚生労働省）より
※厚生年金は、平均的な収入（平均標準報酬（賞与含む月額換算）43.9 万円）で 40 年間就業した場合に受け取り始める年金（老齢厚生年金と２人分の老齢基礎年金（満額））の給付水準で、それを元に累計受給額は株式会社オフィス・リベルタスが計算しました。

算をしてみました。

夫婦世帯でどちらか一人だけが厚生年金に加入して働いているパターン①というのは比較的多いでしょうが、その場合の平均受給額は月額で22万４９６円になります。この金額で65歳から90歳まで受給した場合、受給額は累計で６６１５万円になります。これがパターン②の単身者の場合だと４６６３万円。最強なのは夫婦共に同じ賃金で厚生年金に加入しているパターン③の共働き世帯で、この場合は何と公的年金だけで９３２５万円になります。

おそらく一番多いのはパターン①だと思いますが、その金額は６６００万円ほどになるのです。

よく「年金なんてあてにならないから、自助努力で資産形成しよう」ということを言う人がいますが、普通に働いて定年まで勤めたら、これぐらいの金額は何もしなくても受け取ることができるのです。しかもこれは90歳までの計算ですが、公的年金は給付が終身ですからどれだけ長生きしてもこの延長線で受け取ることが可能です。これと同じ金額、６６００万円を自分で蓄えようと思ったらかなり大変です。

順番を間違えてはいけない

次に2番目の層は「退職金・企業年金」です。これはサラリーマンの場合のみで、しかも会社によってはそういうものがないところも多いです。これについては「厚生労働省」の調査（※１）によれば、従業員１０００人以上の大企業の場合、大卒で35年以上勤続して定年を迎えた人の平均退職一時金の金額は２４３５万円、高校卒だと同様に現業で勤続して定年を迎えた人の金額は１９６５万円ですから、大企業ではほぼ２０００

万円程度と考えておけば良いでしょう。

一方、中小企業の場合は「東京都産業労働局」のデータ（※2）で調べて見ますと、従業員数が300人未満で大卒が1343万円、高卒は1261万円となっています。さらに従業員数が50人未満になると大卒で979万円、高卒の場合は938万円ですから、中小企業の場合は1000万円ぐらいが平均と考えていいでしょう。

したがってサラリーマンの場合は公的年金に加えてこれらの退職金や企業年金が定年退職後に支給されるということも知っておくべきです。もちろんこの金額はあくまでもデータから出てきた平均値ですので、実際の金額がどうなのかは自分で調べるしかありません。それでも公的年金と合わせると7000万〜8000万円ぐらいになるとすれば、これはかなり心強い数字と言えます。

そして第3層目は自分で準備する貯蓄や投資等です。これはここまでお話しした公的年金や退職金・企業年金だけでは足りないと考えた場合、必要になってくるものです。もちろん前述したようにサラリーマンと言っても退職金や企業年金のない会社もたくさんあります。そうした場合は、自分での備えは厚くしておく必要があります。

したがって自助努力による老後資産形成はとても重要なことではありますが、順番を間違えてはいけません。まず土台になる公的年金、そして2番目に来る退職金や企業年金、これらの金額を考え、自分や家族が老後にどんな生活をしたいかを考えた上で、足りないと思うのであれば貯蓄なり投資なりに励めばいいわけです。

ただし、図29のパターン④、つまり自営業の人はサラリーマンに比べて公的年金が非常に少ないため、自営業の人に限っては3層目の自助努力はとても大切です。そのために自営業の人しか利用できない有利な制度はたくさんあります。

たとえば国民年金基金は公的年金に上乗せして受け取るしくみですし、最近話題になっているｉＤｅＣｏも自営業の人はサラリーマンに比べて利用できる金額の枠は3倍ぐらいあります。他にも国民年金保険料に上乗せして支払うことで給付額を増やすことができる付加年金（※3）、そして小規模企業共済のように年齢は関係なく大幅な税制優遇を得られる制度もあります。自営業の人はこれらの制度の中から、自分が利用しようと思う制度を選び、自分で老後資金を作るという努力は若い内からやっておくべきです。

一方、サラリーマンの場合は違います。多くの金融機関は「年金なんて当てにならないから、投資信託を買いましょう」とか「保険に入りましょう」と言ってきますが、それを鵜呑みにして変な金融商品を買う方がよっぽど老後は不安になります。自分のケースはどうなのかを考えて、3層目をどう作るか、どれぐらい豪華な造りにするかを考えるべきです。くれぐれも順番を間違えてはいけません。

公的年金は何に使うべきか？

私は老後のお金の三分法ということをよく言います。これはお金の使い道を3つに分け、その使い道のためにお金を出所別にそれぞれに分けるという考え方です。

一般的に老後のお金をざっくり分けると、①日常生活費、②自己実現費と一時出費、そして③医療・介護、施設入居費となります。図30をご覧いただくとおわかりのように、このうち、日常生活費は生きている限り必ずかかるお金です。したがって、公的年金のように決まったお金が終身で給付される性格のものこそ、日常生活費をまかなうためにふさわしいと考えるべきです。

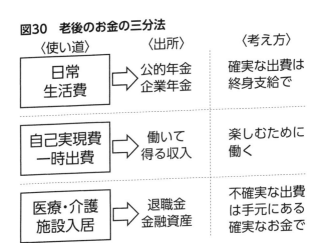

図30　老後のお金の三分法

〈使い道〉	〈出所〉	〈考え方〉
日常生活費	公的年金 企業年金	確実な出費は終身支給で
自己実現費 一時出費	働いて得る収入	楽しむために働く
医療・介護 施設入居	退職金 金融資産	不確実な出費は手元にある確実なお金で

一方、自己実現費は旅行に行ったり、趣味を楽しんだりする、言わば楽しいことに使うお金です。これは定年後も働いて稼ぐお金でまかなうのが良いと思います。楽しいことのために働くのであればモチベーションも上がります。

そして③医療・介護は実は最も厄介なものです。なぜならそういう費用が実際に発生するかどうか、そして発生してもいくらかかるかが全く読めないからです。つまり不確実な費用です。

だからこそ、それをまかなうためには確実に手元にあるお金、たとえば自分が現在持っている貯蓄や投資等の金融資産、そして退職時に受け取った退職金等はできる限り使わずに温存しておくべきだと思います。そして医療も介護も発生しなかったが、晩年は1人になってしまったのであれば高齢者施設に入ることも起こりえます。そういう時のための費用にまとまったお金はとっておくべきなのです。

要するに、公的年金は、日常生活費をまかなうためのお金です。逆に言えば、公的年金の給付の範囲内で生活をするように支出をコントロールすべきだろうと思います。もちろん大金持ちで有り余るお金を持っている人ならこの限りではありませんが、少なくとも一般の人であれば、そう考えておくべきではないでしょうか。

組み合わせを考えてみる

このように老後の支出を3つに分類し、それをまかなう資金はどこから使うかということを考えておくのは大事ですが、ここでお話ししたのはあくまでも私自身の考え方です。先ほども述べたように人によって公的年金や退職金・企業年金の状況は異なりますので、正解は一つではありません。いつまで働くのか？　自分の公的年金はいつからいくらぐらい受給できるのか？　そして会社の退職給付制度はどうなっているのか？　さらに言えば、家族構成や家族の働き方、収入はどうなっているのか？　といったことを総合的に考えて判断する必要があります。それによっていつから公的年金を受け取るのが良いかとか、会社の退職給付制度において一時金で受け取るか年金で受け取るかといった判断は変わってくるからです。

さらに税制のことも考えれば、どの分の給付をいつからどうやって受け取るかの組み合わせも大切です。言わば自分にとっての最適解を求めるパズルのようなものです。次の節では、そんな給付について具体的な事例を挙げて考えてみたいと思います。

※1　平成30年就労条件総合調査（厚生労働省）　https://bit.ly/3vb1vie
※2　令和2年度中小企業の賃金・退職金事情（東京都産業労働局）
https://www.sangyo-rodo.metro.tokyo.lg.jp/toukei/koyou/chingin/r2/
※3　付加年金（日本年金機構ホームページ）　https://www.nenkin.go.jp/service/jukyu/sonota-kyufu/1go-dokuji/20140625.html

4　年金受け取り、考えるべき4つのパターン

前にも書きましたが「年金の受取り方法」というと、すぐに「得か損か」という話が出てきますが、繰り返し述べたように公的年金は保険ですから損得を考えても意味がありません。大事なことは自分が老後、どんな生活をおくりたいかによって、その利用方法は全く変わってくるということです。もちろん公的年金が一番の土台であることは前述したとおりですが、それに上乗せされる退職金・企業年金や自分で用意している貯蓄や投資などの使い方は考え方や家族等の状況によって大きく変わってきます。

そこで、この節では、公的年金だけに限らず、他の要素も含めて受け取り方について4つの具体例を紹介していきたいと思います。ただ、ここでは「年金の受け取り方」だけでなく、定年後の生活についても対応すべきことや今から準備しておいた方がいいことについてそれぞれのケースごとにコメントしていきます。

言うまでもなく、このようなパターンはわずか4つに集約されるわけではありません。一人ひとり違ってきて当然です。したがって読者のみなさんは、これからご紹介するケ

ースの中で自分に近いパターンを参考としながら自分で考えてみてください。本書はサラリーマンの方を主な対象としていますが、ここでの事例は自営業やフリーランスの方も含めて考えていきます。

（※ここでは企業年金と言った場合、「確定給付企業年金」のことを指し、企業型確定拠出年金（ＤＣ）の場合はＤＣと表記します）

ケース1：夫サラリーマン、妻専業主婦世帯

【状況】

・夫60歳で大企業勤務、妻55歳の専業主婦

・貯金１５００万円

・企業年金あり（20年有期）

【対策】

①公的年金は、妻の分を70歳まで繰り下げる

②65歳まで再雇用で働き、その後70歳までの生活を企業年金でまかなう
③再雇用後もパート勤務で良いのでできるだけ夫婦揃って70歳までは働き続ける
④退職給付は一時金を最小限にし、できるだけ年金方式で受け取る
⑤貯金はできるだけ取り崩さない→将来の医療・介護

【解説】

これは大企業に勤めてきた中間管理職のサラリーマンの典型です。おそらく65歳までは再雇用で働けるはずですから、そこまでは働くべきですが、できる限り65歳以降も70歳までは夫婦ともにパートでも良いので働いた方が良いと思います。

公的年金は夫婦ともに70歳まで繰り下げるのが理想ですが、妻の分だけ繰り下げてもかまいません。その場合、65～70歳までは夫の公的年金及び企業年金が主な生活手段となります。

したがって、退職給付は一時金を最小限にし、生活費がまかなえるよう、年金で受け取る選択をすべきです。もちろん70歳まで働くことで収入が確保できるのなら、退職所

得控除の範囲内で一時金で受け取り、夫の公的年金も70歳繰り下げとすべきでしょう。

一方、現在持っている貯金はできるだけ取り崩さないようにすべきで、可能であれば65歳までは積立貯蓄や積立投資を続けることでその資産残高を増やしておくのが良いと思います。

ケース2：夫、妻ともに50歳の同い年で共働き、子供なし世帯

【状況】
・貯金はほとんどなし
・企業年金なし。退職給付は一時金が夫婦ともに５００万円程度

【対策】
①夫も妻も70歳まで働く計画を考える。場合によっては70歳以降も75歳まで働いてパート収入を得られるようにする

②２人とも、個人型確定拠出年金（ｉＤｅＣｏ）に加入して65歳まで積み立てを続ける
③公的年金の受け取りは夫が65歳から、妻は75歳から
④生活費は勤労収入と65歳からの公的年金収入でまかなう
⑤退職金とｉＤｅＣｏは一時出費と将来の医療・介護への備えに充てる

【解説】

このご夫妻の場合、定年後の日常生活は何とかなるでしょうが、現状では先行きのゆとりがあまりありません。

現在、貯蓄がほぼないということなので、夫婦共に70歳まで働くことを考えるべきです。同時にｉＤｅＣｏの加入年齢上限が65歳までとなりますので、２人とも加入すれば、「企業年金のない会社に勤めるサラリーマン」の積み立て上限は年間27万６０００円ですから、50歳〜65歳まで15年間にわたって積み立てることで夫婦合わせて積立て累計は８２８万円になります。

仮に２％で運用できれば元利合計は９６６万円となりますから、１千万円近い金額に

なります。現在貯金がほぼなしということであれば、今からでもiDeCoに加入するのは遅くないと思います。

また、妻の方が寿命は長くなる可能性が高いため、夫の公的年金は65歳から受け取っても良いでしょうが、妻の年金はできるだけ繰り下げすべきです。したがって、70歳までの生活費は夫の年金と2人で働く収入でまかない、70歳～75歳までは夫の公的年金を中心に、場合によってはパート収入及びiDeCoの一部を年金受け取りとします。

万が一の場合は繰り下げ中の年金を支給の申請を行い、それまでの未受け取り分をまとめて受け取るという選択肢もあります。

ケース3：独身女性でフリーランスの世帯

【状況】
・54歳独身、フリーランスの雑誌編集者
・貯金1500万円

・若い頃に5年ほど年金保険料未納期間がある

【対策】
①働く意思があれば何歳までも働く
②公的年金は75歳から84％増で受け取る
③国民年金は60歳以降65歳まで任意加入する
④iDeCoに65歳まで加入して積み立てを継続し、以後は年金受け取り
⑤収入がある内は、小規模企業共済にも加入する

【解説】

それなりに貯蓄は持っていますが、フリーランスなので、収入が不安定で将来の年金額もサラリーマンに比べるとかなり少なくなります。したがって、まず考えるべきことは「できるだけ長く働くこと」そして「年金の受け取り額をできるだけ多くすること」です。

特にフリーランスの場合、厚生年金がありませんから基礎年金だけだと年間78万900円が支給額です（令和3年4月現在）。ところが仮に75歳まで受給を遅らせると、その金額は約144万円となりますから月額にすれば12万円程度となります。

ただ、年金未納期間があるため、今のままでは満額は受け取れませんから60歳以降も任意加入して払うべきでしょう。国民年金へ任意加入すれば、65歳になるまではiDeCoへの加入が可能になります。掛金の上限は年間81万6000円なので、11年間積み立てると900万円近くなりますから運用益も入れると1000万円近い金額になる可能性もあります。また掛金は全額所得控除の対象となりますので、税の面でのメリットも大きいでしょう。

貯金はある程度持っていますのでiDeCoは年金受け取りにしておけば万が一の時の生活費の支えになります。

そしてここが大切なところですが、一定以上の収入があるなら、小規模企業共済には加入すべきです。国民年金基金はiDeCoと共通の枠ですからiDeCoを上限まで積み立てている人は入れませんが、小規模企業共済は加入可能ですし、最高月額7万円まで積み立てができて、iDeCo同様、その全額が所得控除になるからです。

ケース4：夫、妻ともに30歳の若い共働き夫婦で、子供が1人いる世帯

【状況】
・2人とも、正社員で働いている。2歳の子供が1人
・両方とも企業年金はなし。妻のみ退職一時金が500万円
・貯蓄額300万円

【対策】
①家事や子育てを協力しながら共働きは続ける
②2人とも企業年金がないので、iDeCoに加入する
③支出管理を徹底する
④年金は妻の分を繰り下げる

【解説】

まだ若い夫婦なので「老後」とか「年金受け取り」などはまだ何十年も先の話ですが、他のことと異なり、老後生活というのは誰にとっても必ず訪れることなので、できるだけ若い内から意識する方が良いのは言うまでもありません。

このご夫婦はお子さんがいながら共働きなので大変でしょうが、若い内から２人とも厚生年金に入っていて共働きというのは非常に大きなアドバンテージなので、ぜひこれは続けるべきだと思います。また企業年金がないので、その分は自分達で個人年金を作っておいた方が良いでしょう。

その最も合理的な手段がｉＤｅＣｏです。この場合、積立限度額は現在年間27万６０００円ですから、２人とも60歳までの30年間積み立てればその合計額は１６５６万円となります。もし30年間の運用利回りが年利２％で運用できたら元利合計は２２６７万円になります。これは大企業並の退職金と同じです。

また若くて共働きの場合、他に比べると収入は多いため、支出が甘くなりがちなことに気を付けるべきでしょう。

自分で考える場合に考慮すべき要素

以上、4つのパターンについてコメントしましたが、自分にピッタリというケースはなかなかないだろうと思います。そこで自分に近いパターンを参考にして考える場合に考慮すべき要素について最後に触れておきます。具体例を自分に当てはめて考える場合には以下の5つの要素をまず考えてみてください。

(1) サラリーマンか自営業か?

これは厚生年金や企業年金の有無に関わってきますから、極めて重要なポイントです。

(2) いつまで働くか?

リタイアした後のキャッシュフローを考えると、これが最も大切な要素です。

(3) 自社に企業年金制度があるかどうか?

企業年金の有無はリタイア後の日常生活費に大きな影響を与えます。

（4）現在、どれぐらいの金融資産を持っているのか？

これによって退職給付を受け取る場合の年金と一時金の割合を考える要因になります。

（5）自分がどの制度を活用できる立場なのか？

自分が自営業やフリーランス等であればｉＤｅＣｏ、小規模企業共済、国民年金基金等の制度はおおいに活用すべきです。

これらの要素がまずは考える前提です。その上で、公的年金についての細かいルールや注意点などについては、地域の「年金事務所」か「街角の年金相談センター」に出かけて詳しく、納得がいくまで聞くのが良いと思います。

簡単なことであれば日本年金機構に電話して聞くのも良いでしょう。

(https://www.nenkin.go.jp/section/tel/index.html)

第7章　これからの年金との向き合い方

1　公的年金で大切な3つのこと

(1)　より多くの人が制度に参加すること

さて、いよいよ最終章になりました。これまで公的年金に関するさまざまな誤解や思い込みについて実際のデータを使って検証してきましたが、最後の章では、公的年金に対して、今後私たちがどう向き合っていけばいいかについて、まとめたいと思います。

まずは、私が考える「これからの年金にとって大切な3つのこと」をお話しします。これは単に制度についてどうすべきかというだけではありません。制度を変更するのは立法や行政の役割ですから私たちが直接関わるわけではありません。

しかしながら私たちも現行の制度をどう活用するか、あるいはどう向き合うかを考えていくことも大切です。そういうことも含めてお話をしていきたいと思います。

年金の本質が「保険」であることは、本書でも繰り返し述べてきました。保険というのはいうまでもなく、みんなが少しずつお金を出し合い、何らかの理由で困った人を助けてあげるしくみです。だとすれば、そのしくみに参加する人が多い方が制度は安定します。

たとえば10人で生命保険を作ったとして、その翌年にそのうちの誰かが亡くなってしまったら、まだそれほど保険料は積み上がっていないので十分な保険金を払うことができません。でもこれが1000人とか1万人以上になれば保険金を支払うための原資は十分になります。もちろん参加する人が増えれば不慮の事故や病気で亡くなる人も増えますが、それはある程度確率的に予測できることですし、確率はあくまでも不確定ですが、対象となる数が多くなればなるほど、理論上での確率に近づいていきます。

これは「大数の法則」と呼ばれているもので、保険を作る上での最も基本になる考え方です。たとえばサイコロを振って1が出る確率は6分の1ですから、6回振れば1回出るというのが理論上の確率ですが、実際にはそうなりません。一度も出ない時もあるし、2回、3回と出る時もあるでしょう。でも120万回サイコロを振れば、1が出る回数は6分の1である20万回にかなり近づくと思います。つまり試行する回数が多いほど理論上の確率に近づくのが「大数の法則」なのです。したがって、一般的に保険というものは加入する人が増えれば、不確定要素は減少し、制度としてはより安定的なものになります。

公的年金の場合は、原則20歳以上の国民は全員加入していますからどんな保険よりも「大数の法則」は有効に作用します。かつ、年金の保険としての最も大きな役割は年を取って働けなくなった場合に生活できるようにすることです。年をとって働けなくなるというのは程度の差こそあれ、誰にでも等しく訪れる事態です。したがって、この制度は誰もが入っておくべきなのです。

さらに言えば会社勤めで給料をもらって生活している人は定年がありますから、自営業に比べて働けなくなる時期が早くやってきます。したがって正社員であれ非正規社員であれ、雇われて働いている人であればできるだけ多くの人が厚生年金に加入できるようにすべきなのです。だからこそ、第5章の2節でお話ししたように厚生年金に加入できる対象を広げたわけですし、我々は給与所得者であれば、可能な限り厚生年金には入っておいた方がいいのです。

たとえ専業主婦の人でも「○○万円の壁」などは意識せず、働けるのならどんどん働いて厚生年金に入っておいた方が将来安心できると考えるべきでしょう。

(2)　公平であること

公的年金で大切なことの2つ目、それは制度が公平であることです。(1)でお話ししたように誰もが参加することが大切なのであれば、それは公平でなければならないということです。この場合に「公平」というのは2つの意味があります。

ひとつ目は、負担と給付のバランスです。すなわち保険料を多く負担すれば年金の給付も多くなるべきだということです。厚生年金の場合、「報酬比例部分」がありますから、一生懸命働いて給料が上がれば、保険料の負担も増える代わりに将来の年金支給額も増えます。

また第4章の4節でお話ししたように、1人あたりの収入が同じであるなら、どんなパターンの世帯であっても1人あたりの年金給付額は同じになるということです。言い換えれば専業主婦になるのか、それとも共働きになるのか、あるいは生涯独身で過ごすのかは、人それぞれのライフスタイルです。どんなライフスタイルになっても収入が同じである限り年金給付額は変わらないということは今後益々多様性が進む社会においては極めて重要なことです。そして現在の年金制度はそのような仕組みになっているのです。

もちろん、自営業やフリーランスの場合、厚生年金に加入できませんから狭い意味での公的年金制度だけで見ると自営業の給付額が少ないことは確かです。しかしながらそもそも自営業には定年がありませんから一般的には働ける期間はサラリーマンよりは長いですし、かつサラリーマンが厚生年金保険料を払い込む金額と同じぐらいの金額を国民年金基金やｉＤｅＣｏに回せば、非課税扱いで積立ができます。

加えて、掛金全額が所得控除になりますから、制度としては決してサラリーマンだけが優遇されているわけではありません。むしろサラリーマンには利用できない有利な制度がある分、自営業の人が頑張って稼げばサラリーマンをはるかに上回る老後資金を手にすることも可能です。

ふたつ目の「公平」は、世代間の負担が公平であることです。これも今まで第２章や

第4章で詳しく述べてきたのでここでは簡単に触れておきますが、簡単に言えば現役世代と受給世代で痛みを分かち合うということです。

繰り返すように現在の高齢世代は若い頃は親の扶養と保険料の納付という二重の負担を負ってきた部分もありますので、必ずしも今の高齢者が特別に優遇されているというわけではありません。さりとて今後少子高齢化が進んで行く2040〜2050年ぐらいまでは放っておくと現役の負担のみが増大しかねません。だからこそ2004年の改革で保険料も一定期間は引き上げる代わりに受給者にも「マクロ経済スライド」で少し我慢してもらおうという仕組みを作ったのです。

単純に保険料の負担だけに限って言えば「世代間格差」はありますが、トータルに考えると「世代間不公平」ということが生じないように設計されているのです。

(3) 経済が成長すること

公的年金で大切なことの3つ目、実は私はこれが最も重要ではないかと考えているのですが、それは「経済が成長すること」です。経済が成長すれば、当然給料も増えます。年金保険料というのは簡単に言えば給料に一定の割合をかけた金額を徴収しているわけですから、給料が増えるということは年金保険料も増えます。

また、一定の年齢になって新たに年金を受け取り始める人（これを新規裁定者と言います）は賃金の上昇にスライドして年金額が決まります。したがって給料が増えるということは年金額も増えるということになるのです。

もちろん経済が成長すれば物価も上昇しますが、極端なインフレにでもならない限り、通常の状況では賃金の上昇率は概ね物価を上回ります。したがって経済が成長し、給料が増えるということは、今の生活だけでなく将来の年金にも好影響を与えるのです。

そもそも年金の積立金が２００兆円近くあるという、他の先進国では考えられないような余裕ができたのも公的年金制度が拡大した時期が昭和30〜40年代の高度成長期であったことと無縁ではありません。一般的にはよく当時はまだ高齢化社会になっていなかったから人口構成で有利だったと言われます。そうした側面が全くないとは思いませんが、それよりもむしろ経済成長が果たした役割が大きかったのではないかと思います。

何しろ昭和30年代の我が国の経済成長率はおよそ9％、40年代前半の経済成長率は11％台ですから今では考えられないような数字です。当然、給料も上がりました。ところが181ページの図26でわかるように我が国の給料は2000年以降、ほとんど増えていません。やはり経済成長とそれに伴う賃金の上昇というのは、社会保険の制度にとっては非常に重要なことと言っていいでしょう。

ここでお話しした公的年金で大事なことの（1）と（2）は言わば制度の問題であり、ガバナンスの問題でもあります。これらは法律を作り、行政が執行することで解決することはできますが、（3）の経済成長は行政の側で直接何かできるというものではありません。私たちは何かと言うと、国が悪いとか行政が悪いと言いますが、年金について言えば、最大の課題は経済の成長だと私は思います。そのために民間の企業を中心として経済のダイナミズムを復活させるのは政治の役割でもあり、何よりも私たち国民1人ひとりの役割なのです。

2　年金不安に煽られて買ってはいけない金融商品

買ってはいけないのは〝年金〟と名前の付いた商品

世の中に公的年金の間違った理解が増殖した原因のひとつは間違いなく金融機関の営業戦略にあります。これは考えてみれば当然で、年金不安を煽ることで自社の保険や投信などが売りやすくなるからです。

しかし本書を読んで来られた方ならもうおわかりでしょうが、年金が破綻することはありませんし、今後戦争で日本がどこかの国に占領され、社会制度が根本的に変わってしまうようなことでもない限り、現在の年金制度は続いて行きます。一番気をつけなければならないのは、自営業やフリーランスのように自分で年金保険料を納める必要がある人たちが、そういう煽りに惑わされて保険料を払わなくなってしまうことです。もしそうなったら将来に大きな禍根を残すことになりかねません。

サラリーマンの場合は、これに関してはそれほど心配することはありません。通常ほとんどの人は厚生年金に加入しており、保険料は給与から天引きされますから、保険料が未納になるということはまずないからです。

ただ、そんなサラリーマンでも気をつけなければならないこと、それは不安に煽られて変な金融商品を買ってしまうことです。この節ではそんな〝買ってはいけない金融商品〟についてお話をしたいと思います。

結論から言えば、買ってはいけない金融商品の代表は〝年金〟と名前の付いた商品、たとえば「個人年金保険」とか、名前には入っていなくても宣伝文句で「年金式に分配金が受け取れる投資信託」といった類いのものです。

そもそもこれらの類いの商品はネーミングが秀逸です。「頼りにならない国の年金を補ってくれる頼もしい存在」といったイメージ戦略で売り込みをかけてきます。公的年金の本質や実態を知らない人なら、「そうかもしれないな」と思ってつい買ってしまうことになるでしょう。事実、個人年金保険の加入者数は2000万人以上いると言われています。ところがこれらの金融商品は実は老後資産形成には向いていないのです。その理由は後ほど詳しく説明します。

ここでもう一度年金の本質を思い出してください。年金の本質は保険です。つまり保障機能にあるわけです。年を取って働けなくなった時や障害を負ってしまった時などの生活を保障する手段です。ところが世の中で〝年金〟と名前の付いている金融商品は、体裁は保険商品の形を取っていても実質的には貯蓄や投資なのです。個人年金保険も保障機能はほとんどなく、貯蓄を主眼としていますし、変額年金保険の場合はほとんど投資信託と同じです。

もちろん、貯蓄や投資が悪いわけではありません。公的年金を土台にして、それよりも豊かに暮らしたいので自助努力による貯蓄や投資でそれに備えるのは結構なことです。でももし貯蓄とか投資をするのであれば他にもっと良い手段があります。

では具体的に買ってはいけない商品とその理由を挙げてみましょう。

個人年金保険はどこが良くないのか？

個人年金保険は基本的には貯蓄目的で利用されるものです。保険料を積み立てていって将来そこから受け取る仕組みですが、払い込んだ保険料の合計額に対して将来受け取る金額の合計がどれぐらい上回るかを「返戻率」と言います。

保険会社や商品によって違いますので一概には言えませんが、一般的には30年払い込んでそこから5年据え置き、10年間で受け取った場合で返戻率が105～106％ぐらいのものが多いようです。仮に106％だとしてみると、「6％も増えるのか！」と思う人もいるでしょうが、これは年利ではありません。「100」積み立てたお金が45年かけて「106」になるということですから、複利計算してみると年利では0・4％弱にしかなりません。

「いや、それでも今の定期預金の金利を考えればこちらの方が良いだろう」と言う人がいるかもしれませんが、これはあくまでも期間が30年です。向こう30年間、今の預金金利が全く変わらないならそれも良いでしょうが、おそらくそんなことはあり得ないでしょう。もし将来物価が上昇することを考えると今の超低金利でこんな低い金利の商品に30年も40年も固定しておくというのは私ならとても怖くてできません。

また、個人年金保険は保険料が所得控除の対象となるので有利だと言われますが、これも実はたいしたことはないのです。保険料をいくら払い込んだとしても所得控除となるのは所得税では4万円、住民税では2万8000円、合計しても6万8000円が上限です。ところが個人型確定拠出年金（iDeCo）の場合なら、掛金の全額が所得控除されます。掛金の上限は職業や状況によって違いますが、最も掛金の上限が小さい公務員の場合でもその金額は年額14万4000円で、この金額が全額所得控除されますから個人年金保険の倍以上になります。もし自営業の場合なら、年間の掛金上限額は81万6000円となりますので、この場合は12倍の所得控除が得られます。個人年金保険とは比較になりません。

一方、個人年金保険も定額型ではなく変額型がありますが、その実体は投資信託に投資をするのと何ら変わりません。違うのは手数料がべらぼうに高いということだけです。もし、価格変動リスクを取ってもいいというのであれば変額個人年金保険で運用するよりも直接投資信託を購入した方が良いでしょう。

「いや、リスクは取りたくないから元本の安全なもので」という場合でも定額型の個人年金保険はやめておいたほうが良いでしょう。なぜなら、中途解約すると多くの場合、元本を割るからです。期間にもよりますが解約すると70％とか80％ぐらいしか戻ってこないこともあります。したがって長期にわたって元本が絶対安全なものをということであれば個人年金保険よりも「個人向け国債　変動10年」（※1）で運用するのが良いと思います。

毎月分配型も良いとは言えない

保険ではなく、投資信託にも年金受給者に人気のある商品があります。それが「毎月分配型投資信託」と言われるものです。特にサラリーマンだった人は現役時代、毎月決まった給料日にお金が銀行に振り込まれていました。つまり放っておいてもお金は毎月振り込まれるものだったのです。ところが公的年金は毎月ではなく偶数月の15日しか入ってきません。そこで1カ月ごとに決算を行い、収益等の一部を分配金として毎月分配するようにした投資信託＝「毎月分配型投資信託」に人気が集中したのです。「年金のように決まった金額を受け取れる」ということで、ひと頃は人気上位の投資信託のほとんどがこのタイプだったこともありました。

しかしながら、この投資信託は問題も多いのです。そもそも投資信託は価格が変動する株式や債券に投資をするものですから収益がいくら出るかが決まっているわけではありません。当然値下がりすることもありますが、その場合でも分配金が支払われます。運用して儲かっていないのに収益が支払われるということは元本を取り崩しているということです。ところがこの投資信託を買っている人の中には、その辺りの説明を十分に受けていないか、あるいは受けていてもあまり理解していない人も多くいます。そこで気が付いてみたら元本が大幅に減っていたということもあり、クレームになったり、場合によっては訴訟になったりしているのです。それにそもそもこのタイプの投資信託は他に比べると非常に手数料が高いことも問題です。

もちろん、年金受給者には定期的に入ってくるキャッシュフローが欲しいという気持ちがあるのはよくわかります、私も年金受給の対象者ですから。でもそうであれば、定期的に受け取りたい部分とそうでない部分を分け、受け取りたい部分は預金や証券総合口座のMRFなどにしておき、使う分をそこから引き出せばいいですし、そうでない部分はもっと手数料の安い投資信託で運用をすればいいのです。それに毎月分配型投資信託の場合、分配金の原資を得るためにオプション取引などを使うこともありますから、リスクも高い場合があるし、複雑な仕組みになっている分、手数料が高いという面もあります。

自分で備えるのなら・iDeCoがベスト

やはり公的年金に上乗せして老後の生活にゆとりを持たせたいということであれば、貯蓄や投資はある程度必要だと思いますが、少なくとも「個人年金保険」や「毎月分配型投資信託」がそれに相応しいものであるとは思えません。老後の資産形成に向けて利用するのであれば、制度としては個人型確定拠出年金（iDeCo）が最も有効だと思います。

勘違いしている人もいますが、iDeCoというのは制度の名前であって、商品ではありません。リスクがある程度取れる人は、iDeCoの中でできるだけ手数料の安いインデックス型投資信託を使って積み立てていけば良いですし、価格変動のリスクは一切取りたくない人であればiDeCoで定期預金にしても良いのです。いずれの場合でも所得控除がありますので税金の戻り分を考えると現在の定期預金のようにほとんど金利がゼロに近くても実質の利回りは15%とか20%になる場合だってあります。

30年も40年も据え置いた挙げ句、年利ではせいぜい0・4%ぐらいしかならず、且つ解約すると元本を割ることの多い「個人年金保険」や手数料のバカ高い「毎月分配型商品」よりはよほど賢い選択と言って良いでしょう。

※1　個人向け国債変動10年　商品説明サイト（財務省ホームページ）
https://www.mof.go.jp/jgbs/individual/kojinmuke/main/outline/hendou/

3　年金についての正しい情報を得るためのツールは情報を集めやすい時代になった

　さて、いよいよ本書も最後となりました。公的年金についてお話しすべきことはほぼ終えましたが最後に、公的年金についての正しい知識と情報を得るための書籍、WEBサイトやアプリ等についてご紹介しておきたいと思います。

　世の中に出回っている公的年金に関する情報は長い間、9割以上がとんでもない酷い内容でしたが、ここへ来て少しずつ正論が語られるようになってきました。そんな中、ここで紹介する本やツールは実にまともで、役に立つものばかりです。

　私が公的年金不安論に疑問を持ち始めた、今から20年ほど前、2000年代初め頃にはこんな良書はほとんどありませんでした。それまでは社会保険庁に聞いたり、書類を取り寄せたり、そして厚生労働省のWEBサイトも今ほどわかりやすくなかったため、苦労して情報を集めましたが、今ではとても便利になっています。ぜひこれらのツールを活用してみてください。

読んでおきたい本

『ちょっと気になる社会保障　V3』
著者：慶應義塾大学商学部教授　権丈善一　勁草書房

公的年金のみならず医療や社会保障制度についてはやはり慶應義塾大学の権丈善一教授の本を読むのが一番良いと思います。大学教授の中にはとても的外れな年金批判をする人がたくさんいますが、そういう人たちは基本的に社会保険については専門外であることが多いのです。単に印象論と思い込みに基づいた考察が多く、しっかりとしたエビデンスを伴ったものではありません。でも世の中の多くの人は「大学の先生が言っているのだから間違いないだろう」と思い込んでしまい、間違った論説が平気で流布しているのです。

権丈教授は、そもそもの社会保障の役割について歴史的に、そして経済論からの考察に基づいている上に、豊富なエビデンスに基づいて論じられているので、非常に信頼のおける、かつわかりやすい内容になっています。公的年金について一冊紹介して欲しいと言われたら、私は躊躇することなくこの一冊を挙げたいと思います。

『人生100年時代の年金戦略』
著者：日本経済新聞社編集委員　田村正之　日本経済新聞出版社

日経新聞社では最も公的年金制度に詳しい1人です。新聞の論説でもかなりいい加減な議論がある中で田村氏の記事は常に確かな取材と信頼できるデータに基づく記事ですから年金についての知識を得るためには非常に役に立ちますが、本書はそんな年金に関する本としては最も実務的に役に立つ一冊です。

本書の良いところは、単に年金の考え方や制度の解説だけではなく、実際に受給する場合の具体的な活用法も網羅されていることです。さらに公的年金だけではなく、企業型確定拠出年金や自助努力で老後資産形成をおこなうためのiDeCoなどについても詳しく触れており、それらの制度と公的年金をどう組み合わせて活用するかということについても記載されています。言わば老後に向けた資産作りをトータルで考えるという点では最も相応しい本と言えるのではないでしょうか。

『年金不安の正体』

著者：雇用ジャーナリスト　海老原嗣生　ちくま新書

著者の海老原氏はリクルート系の会社を経て独立したコンサルタントです。主に人材・経営に関する著書が多く、専門分野は雇用ですが、私は昔から氏の雇用に関する著書を何冊か読んでおり、鋭い切り口と丹念に調べたデータに基づく論理的な議論は素晴らしいと思っています。特に多くの人が通説と信じて疑わないことを、もう一度検証し、疑ってみるという姿勢は目からウロコの気づきを与えてくれます。

そんな海老原氏が本来専門ではなかった「年金」について書いたのが本書です。本書の出版記念講演で、氏は「どんなテーマであれ、素朴に〝おかしい〟と感じたことは徹底的に調べて明らかにしたいのです。今回はたまたまそれが年金だっただけで、あまりにも世の中に出回っている年金の話はでたらめなものが多いと感じたのでこの本を書いたのです」と語っていました。年金にまつわるファクトは実に目からウロコのことだらけです。

『35歳から創る 自分の年金』
著者：大和総研金融調査部主任研究員　是枝俊悟　日本経済新聞出版社

本のタイトル通り、著者の是枝俊悟氏は1985年生まれ、本書を出した2020年の時点では35歳でした。30代の若い人が書く年金の本というのは珍しく、特に若い年代の人が発信する年金に関するコメントはどちらかと言えばネガティブでかつ感情的なものも多いというのが一般的です。ところが本書は制度の現状と将来について実に丹念に調査をし、公表された資料に基づいて冷静に分析をしています。

特に本書の大きな特徴は後半部分、これからのライフスタイルに基づいて年金を考えていくというところです。共働き、夫婦で一緒に子育てという時代において公的年金や社会保険の果たす役割の変化について、実にていねいな考察がなされているのです。これを読むといたずらに過剰な不安を持つ必要はなく、自分達がやるべきことが冷静に記されています。まさにこの本は20代、30代という若い人にこそぜひ読んでほしい本です。

知っておくと便利なアプリ

『「ねんきん定期便」活用術』（モバイルアプリ）　１２０円

『あんしん老後の貯蓄計画』 https://www.fp-will.jp/application.php のサイト内にある、年金受取額のシミュレーションができるアプリです。ファイナンシャル・プランナーの前野彩氏が作ったもので、毎年誕生月に届く「ねんきん定期便」をもとにして、自分が受け取る予定の老齢年金の額はもちろん、受け取りを開始する時期による年金額の増減や手取り額、役職定年による収入減少や、60歳以降も働くかどうかによる違い、そして老齢年金だけではなく遺族年金や障害年金、さらには傷病手当金、出産手当金の目安額まで、簡単に試算できます。入力も「ねんきん定期便」を見ながら簡単に入力することができます。

もちろん、完全に正確な金額ではありませんが、おおよその金額はつかめますので、今後のライフプランを考える上では非常に役に立つでしょう。また、老齢年金だけでなく遺族年金もシミュレーションできることから、保険加入の必要性についても判断がしやすくなります。有料アプリですが、使ってみられたら良いかと思います。

※アプリをダウンロードできるＱＲコード

公的年金について知るためのＷＥＢサイト

わたしとみんなの年金ポータル　（ＷＥＢサイト　厚生労働省）

https://www.mhlw.go.jp/nenkinportal/

厚生労働省が運営する公的年金に関する情報を一カ所にまとめたポータルサイトです。名前のとおり、「わたしの年金」と「みんなの年金」の２つのパートに分かれており、「わたしの年金」では人生において実際に年金が自分の生活とどう関わっているかについて幅広く載っています。結婚、就職、転職の場合、年金の状況の確認方法等、具体的に知りたいことの多くがこのパートでわかります。

「みんなの年金」では本書で書いてきたような年金の制度のしくみや年金に関する新しいニュースなどが集められています。ここに載っているコンテンツは、新たに作られたものもありますが、従来からありながら、組織が分かれているために知りたくてもなかなかたどり着けなかったコンテンツを組織横断的に再構築しています。

たとえば、日本年金機構や、GPIF、国民年金基金といった組織別ではなく、知りたいこと、必要なことからそれぞれの組織の該当箇所につながるようになっているため、昔に比べて非常にわかりやすくなりました。小学校高学年から読める年金の漫画やYouTubeで人気の「いざわ・ふくらのQuizKnock塾」などもコンテンツの中に入っています。

以前から、「年金をもっと正しく知ってもらうための努力」が厚生労働省には不足しているのではないか?という気持ちを持っていましたが、昨年、厚生労働省の中に「年金広報企画室」が誕生したことで、状況は改善されつつあるように思います。

ただ、ポータルは充実してきたものの、相変わらず日本年金機構のホームページ等を見ると難しい用語が出てきて読んでいてもよくわからないという部分もあります。しかしながら「わかりやすさ」と「正確さ」というのはある種のトレードオフ的な部分もありますので、わかりやすければそれだけで良いというわけではありません。やはり自分の老後をまかなう大切な年金のことですから、しっかりと読み込んでみる努力はすべきだろうと思います。

それに長年にわたって年金に関連する組織のWEBサイトを見てきていますが、いずれの組織も昔に比べると格段に見やすくなってきているのは事実です。それでもわからなければコールセンターに電話して聞くなり、近くの「年金事務所」や「街角の年金相談センター」に出かけて聞けば、よくわかるまでていねいに答えてくれます。昔の社会保険事務所の時代と比べると、こちらも大きくサービスは向上してきています。

「むずかしい」とか「よくわからない」と言って放ったらかしにするのではなく、自分の年金についてはしっかりと知っておくことが大事だろうと思います。

おわりに

知り合いに「高齢になった後に生活保護に陥ってしまった人」の自立を支援する団体で活動をしている人がいます。ある時、その人に「年を取ってから生活保護になってしまった人というのはどういう方達なのですか？」と聞いたことがありました。「そういう方々は90％以上が元自営業ですね。サラリーマンだった人でそうなった人は、あまり見たことがありません。バブル期に投資で大きな失敗をしたとか、何らかの理由で大きな借金を背負った人はたまにいますけど」というものでした。

加えて、こうもお話しされていました。「結局自営業でも羽振りの良かった時にお金を蓄えることは何もせず、高級車に乗ったり、銀座で豪遊したりしていた人たちがそうなっているんですよ。さらに決定的なのが、年金保険料を払っていなかったこと。そうでなくてもサラリーマンに比べて年金が少ないのに、それさえ払っていなかったというのは致命的ですね」

この話を聞いてそういう人たちは単に自業自得なのだと、私には思えません。おそらくマスメディアや金融機関が言う「年金なんてあてにならないから」という言葉に惑わされて年金保険料を払っていなかった結果、そういう悲惨な暮らしになってしまったのでしょう。そう考えるとメディアや金融機関の罪は重いと思わざるを得ません。

もちろん公的年金の保険料は納めなかった代わりに民間の保険や投信などの金融商品を持っていた人もいるでしょう。しかしながら自営業の場合、事業が苦しくなる時期だってありますから、そんな時に恐らく現金化したことがあったのは想像に難くありません。幸か不幸か年金というのは、障がいを負うことでもない限り、60歳以前に年金を受け取ることはできません。つまり、一定期間、保険料さえ払っておけば老後の年金受給は確実に保障されているのです。

本書でも何度か繰り返しましたが、公的年金の本質は保険です。年をとって働けなくなった時の生活をまかなうために最も土台となるものなのです。しかも我が国の年金制度は諸外国に比べても非常に充実している。にもかかわらず間違った知識に惑わされて、その恩恵を得ることができなかった人たちがいるのは本当に残念でなりません。

だからこそ、私は公的年金について1人でも多くの人に正しい知識を持って欲しいと思って本書を書きました。「年金なんてあてにならないから」と言われて保険料を払ってこなかった自営業の人たちや、よくわからないままに勧められて投資で失敗したサラリーマンの人たちが不幸な老後を送ることがないようにしたいと思うのです。

本書を読んでいただいたみなさんに深く感謝すると同時に年金の真実を知って、その大切さを理解していただければこれに勝る喜びはありません。

最後に、執筆にあたってお世話になったワニブックスの大井隆義さんにはこの場を借りて御礼を申し上げます。

大江英樹（おおえ ひでき）

1952年大阪府生まれ。経済コラムニスト。オフィス・リベルタス代表。大手証券会社で個人資産運用業務や企業年金制度のコンサルティングなどに従事。定年まで勤務し、2012年に独立後は、「サラリーマンが退職後、幸せな生活を送れるように支援する」という理念のもと、資産運用やライフプランニング、行動経済学に関する講演・研修・執筆活動を行っている。

CFP（日本FP協会認定）、1級ファイナンシャル・プランニング技能士、日本証券アナリスト協会検定会員、行動経済学会会員。

著書に『定年前』『資産寿命』（ともに朝日新書）、『定年3・0』『定年男子 定年女子』（ともに日経BP）、『知らないと損する 経済とおかねの超基本1年生』（日経ビジネス人文庫）など多数。

知らないと損する年金の真実
【2022年「新年金制度」対応】

著者 大江英樹

2021年10月25日 初版発行
2022年10月1日 6版発行

発行者 横内正昭
編集人 内田克弥
発行所 株式会社ワニブックス
〒150-8482
東京都渋谷区恵比寿4-4-9えびす大黒ビル
電話 03-5449-2711（代表）
03-5449-2734（編集部）

デザイン 橘田浩志（アティック）／小口翔平＋須貝美咲（tobufune）
校正 東京出版サービスセンター
編集 大井隆義（ワニブックス）

印刷所 凸版印刷株式会社
DTP 株式会社 三協美術
製本所 ナショナル製本

定価はカバーに表示してあります。

ISBN 978-4-8470-6664-1
ワニブックスHP http://www.wani.co.jp/
WANI BOOKOUT http://www.wanibookout.com/
WANI BOOKS NewsCrunch https://wanibooks-newscrunch.com/